マンション
管理組合の
経理実務 （第2版）

問題となりやすい税務・会計・監査がわかる

税理士法人フィールズ／監査法人フィールズ 編

中央経済社

第2版出版にあたって

　本書は2018年7月に初版が刊行され，増刷を重ねて，このたび改訂版が刊行されることとなった。

　この間，マンション管理組合を取り巻く環境も大きく変化した。理事長の役割を外部の第三者が担う「第三者管理者方式」を採用するマンション管理組合が増加し，管理者への監視・監督の方法も多様化してきた。また平成31年度（令和元年度）税制改正により，「事業税率引下げ」「特別法人事業税の創設」「地方法人特別税の廃止」が実施された。さらに国税不服審判所の公表裁決事例において，マンション管理組合の共通経費の按分基準について指摘が行われ，マンション管理組合の税務申告の実務に少なからず影響が生じた。

　第2版においては，第3章⑤「新しい管理方式と監査」において第三者管理者方式のうちとりわけ管理者管理方式について，運用実態を踏まえて解説するとともに，国税不服審判所の公表裁決事例の考え方についても解説を行った。

　「管理計画認定制度」及び「マンション管理適正評価制度」の運用開始を控え，マンション管理組合の管理体制や会計の重要性も高まってきた。携帯電話5Gサービス，サブリースやカーシェアリングのさらなる普及により，収益事業を行うマンション管理組合は今後も増加することが想定される。

　マンション管理組合に携わるすべての方のため，本書がマンション管理組合の税務・会計・監査の理解の一助になれば幸いである。

2021年12月

著者一同

はじめに

　日本ではじめての「マンション管理組合専門」の会計事務所として
フィールズ共同公認会計士事務所を設立してから10余年が経過し，よう
やくこれまでの知見を取りまとめた本書が刊行される運びとなった。

　設立当時，マンション管理組合の税務申告や会計監査の事例は非常に
稀であったが，マンション管理組合を取り巻く環境は徐々に変化し，現
在，弊社グループだけでも1,300組合を超えるマンション管理組合の税
務申告のサポートと累計600組合を超える会計監査を行っている。

　この主な背景には，税務当局によるマンション管理組合への課税指導
の強化があるものの，従来からのマンション管理組合特有の問題，すな
わち，役員の成り手不足，監事監査の形骸化，組合財産の不正流用と
いった問題に対する区分所有者の意識の変化も影響している。

　特に，首都圏の大規模マンション管理組合では，財産規模が数億円か
ら数十億円になることも珍しくなく，マンション管理組合としてのお金
の守り方に対する関心が高まっている。

　一方，マンション管理業務を受託する管理会社は，管理会社としての
コンプライアンス強化が求められる中，マンション管理組合業務に係る
内部統制の整備・運用が急務となり，受託業務範囲の明確化，業務フ
ローの改善，従業員教育の強化が行われている。

　また，富裕層向けマンションには，新たな管理方式としての管理者管
理の導入が始まっており，第三者による業務監査・会計監査の実務的な
運用が課題となっている。

　本書では，こうした背景を踏まえ，これまで注目されてこなかったマ
ンション管理組合の税務・会計・監査を網羅的に整理することを試みた。

　これまで実務的に有用な類書が少なかったために，区分所有者も管理

会社も，また，マンション管理組合に関わる専門家（公認会計士，税理
士，マンション管理士等）も，当該分野において少なからず混乱が見受
けられたが，本書がその交通整理を果たせるのではないかと僭越ながら
期待している。

　本書が，マンション管理組合に関わるすべての方の一助になれば幸い
である。

　また，本書発行にあたりご尽力を頂いた中央経済社奥田様に心より御
礼申し上げる。

2018年7月

　　　　　　　　　　　　　　　　　　　　　　　　　　著者一同

CONTENTS
マンション管理組合の経理実務

第1章 マンション管理組合の税務

1 マンション管理組合の法人税 ———————— 2

- (1) マンション管理組合の法律上の位置づけ…2
- (2) マンション管理組合の課税実態…3
- (3) 管理組合は「人格のない社団等」…3

> 参考資料 　国税不服審判所　公表裁決事例要旨…4

- (4) 収益事業の意義…5
- (5) 「継続して行われるもの」…6
- (6) 「事業場を設けて行われるもの」…6
- (7) マンション管理組合の収益事業例…7
- (8) 収益事業の例外（区分所有者との取引）…7

> 参考資料 　国税庁質疑応答事例　団地管理組合等が行う駐車場の収益事業判定…9

- (9) 共用部を外部者が使用した場合の取扱い…10

> 参考資料 　国税庁文書回答事例　マンション管理組合が区分所有者以外の者へのマンション駐車場の使用を認めた場合の収益事業の判定について…14

2 課税所得の計算等 ———————— 26

- (1) 収益事業と非収益事業の区分経理…26
- (2) 収益事業の必要経費…26
- (3) 管理委託費…27

参考資料 国税不服審判所 平成31年2月15日裁決
《裁決書（抄）》…28

(4) 減価償却費…45

(5) 法人税率と実効税率…45

3 確定申告書の提出と納付 ——————— 47

(1) 申告及び納付の期限…47

(2) 確定申告書の添付書類…47

(3) 中間申告…48

(4) 期限後申告…48

4 各種届出 ——————————————— 50

(1) 収益事業開始届出書…50

(2) 申告期限の延長の特例申請書…50

(3) 青色申告の承認申請書…50

(4) 電子申告・納税等開始（変更等）届出書…51

(5) 異動届出書…51

(6) 収益事業廃止届出書…51

5 収益事業に関連するその他の税金 ——— 52

(1) 概　要…52

(2) 地方法人税…52

(3) 道府県民税・市町村民税（都民税を含む）…53

(4) 事業税…54

(5) 特別法人事業税…55

(6) 消費税及び地方消費税…55

参考資料 国税庁質疑応答事例 マンション管理組合の課税
関係…56

コラム　インボイス制度が管理組合に与える影響…57

(7)　固定資産税（償却資産税）…58

コラム　カーシェアリング等の収益事業と区分所有者の固定資産税・都市計画税…58

(8)　事業所税…58

6　収益事業以外の諸税金 ──────────── 60

(1)　源泉所得税…60
(2)　固定資産税及び都市計画税…61
(3)　登録免許税…62
(4)　印紙税…62

7　管理組合の法人化と税務上の取扱い ─────── 63

コラム　管理組合の法人化と留意事項…63

8　管理組合の税務Q&A ──────────── 64

(1)　収益事業の判定…64

Q1　コインパーキングの賃貸収入／64
Q2　居住者限定のカーシェアリング／65
Q3　外部貸し駐車場のフリーレント期間／66
Q4　来客用駐車場の利用料／67
Q5　ゲストルームの利用料／68
Q6　集会室・会議室の利用料／69
Q7　マンション施設内の自動販売機／70
Q8　電気代の実費相当額の受領／71
Q9　資源回収奨励金／71
Q10　公式ホームページのバナー広告収入／72

　　Q11　施工会社から受け取る補償金／72

　　Q12　収入が僅少な場合／72

　(2)　**必要経費の範囲**…73

　　Q13　機械式駐車場の減価償却費／73

　　Q14　機械式駐車場のメンテナンス費用／74

　(3)　**その他手続等**…74

　　Q15　管理会社による税務申告書類作成／74

　　Q16　専門家への報酬支払時の源泉所得税納付／75

　　Q17　税務申告スケジュール／76

第**2**章　マンション管理組合の会計

1 マンション管理の諸法令 ———————————— 80

　(1)　**概　要**…80

　(2)　**区分所有法**…81

　(3)　**マンション標準管理規約**…81

　(4)　**マンション管理適正化法**…82

2 管理組合会計の総論 ———————————————— 83

　(1)　**現　状**…83

　(2)　**管理組合会計に関する規定**…83

3 管理組合の会計基準 ———————————————— 88

　(1)　**会計基準の必要性**…88

　(2)　**会計基準のあり方**…88

　(3)　**会計基準の現状**…89

　(4)　**会計基準の主要論点**…89

　(5)　**会計基準の実例と解説**…91

4 | 管理組合の帳簿体系 ────────── 106

　(1)　**会計帳簿**…106

　(2)　**決算書**…108

　(3)　**その他の帳票類**…113

5 | 管理組合の勘定科目 ────────── 116

　(1)　**収支計算書の勘定科目**…117

　(2)　**貸借対照表の勘定科目**…118

6 | 管理組合の会計Q&A ────────── 119

　Q1　発生主義と収支計算書／119

　Q2　請求書が未着の場合／120

　Q3　大規模修繕工事の会計処理／120

　Q4　重要性が低い費用／121

　Q5　保険対応の工事／122

　Q6　一括払いの保険料／122

　Q7　積立保険料と満期返戻金／123

　Q8　予備費の使い方／124

　Q9　会計区分／126

　Q10　余剰金の振替／127

　Q11　管理費・修繕積立金の滞納／129

　Q12　管理費・修繕積立金の一部入金／129

　Q13　集金代行会社を使っている場合／130

　Q14　他会計預け金と他会計預り金／131

　Q15　固定資産と減価償却／132

　Q16　勘定科目が不適切な場合／133

　Q17　管理会社を変更した場合／134

　コラム　管理会社への会計処理変更要請…135

第3章 マンション管理組合の監査

1 管理組合の監査制度 ——————————————— 138

(1) 管理組合の組織…138

(2) 監事の位置づけ…139

(3) 監査の対象…140

(4) 監査手続と監査報告書…141

(5) 監査制度の課題と対策…142

参考資料　管理組合監査　主要項目チェックリスト・監査報告書（案）…144

2 標準的な会計監査手続 ——————————————— 146

(1) 監事の監査方法…146

(2) 監査スケジュール…147

(3) 監査対象の決算書…148

(4) 全般的監査手続…151

(5) 個別監査手続…155

コラム　管理組合財産の不正流用と対策…172

3 外部専門家による監査 ——————————————— 173

(1) 概　要…173

(2) 外部会計監査の現状…173

(3) 経済実態と会計監査の体制…174

(4) 外部会計監査を導入する理由…176

(5) 外部会計監査のメリット…176

(6) 外部会計監査の限界…177

(7) 監事による監査との関係…178

4 外部会計監査のフレームワーク ——————— 179

(1) **適用される財務報告の枠組み**…179

(2) **監査基準**…185

(3) **監査手続**…185

(4) **監査報告書**…187

(5) **管理者確認書**…193

(6) **審査の簡略化**…194

5 新しい管理方式と監査 ——————— 196

(1) **第三者管理者方式**…196

(2) **管理者管理方式**…197

(3) **管理者管理方式の課題**…198

(4) **外部管理者の内部統制**…199

(5) **管理組合のガバナンス**…200

(6) **管理者管理方式における監査**…206

6 管理組合の監査Q&A ——————— 209

Q1 監事の監査手続／209

Q2 業務監査の留意点／210

Q3 会計監査の留意点／211

Q4 大規模修繕工事の留意点／212

Q5 現金取引／213

Q6 預金の不正流用／214

Q7 外部監査（会計監査）導入の可否／215

【凡例】

法法	法人税法
法令	法人税法施行令
法規	法人税法施行規則
法基通	法人税基本通達
地方税	地方税法
地法人	地方法人税法
特法事	特別法人事業税
消法	消費税法
通則法	国税通則法
措法	租税特別措置法
情報令	関係国税法令に係る行政手続等における情報通信の技術の利用に関する省令
監基報	監査基準委員会報告書
区分所有法	建物の区分所有等に関する法律
適正化法	マンションの管理の適正化の推進に関する法律
適正化法施行規則	マンションの管理の適正化の推進に関する法律施行規則
適正化指針	マンションの管理の適正化に関する指針
標準管理規約	マンション標準管理規約（単棟型）
標準管理委託契約書	マンション標準管理委託契約書

第1章

マンション管理組合
の
税務

1　マンション管理組合の法人税

2　課税所得の計算等

3　確定申告書の提出と納付

4　各種届出

5　収益事業に関連するその他の税金

6　収益事業以外の諸税金

7　管理組合の法人化と税務上の取扱い

8　管理組合の税務Q&A

1 マンション管理組合の法人税

(1)　マンション管理組合の法律上の位置づけ

　「マンション管理組合」という言葉自体は法律上定義されていないが，適正化法では，区分所有法の規定をもとに，管理組合，団地管理組合，管理組合法人，団地管理組合法人を「管理組合」と定義している（第2条3項）。

　このうち，管理組合及び団地管理組合は法人税法上の「人格のない社団等」に該当し，管理組合法人及び団地管理組合法人は「公益法人等」に該当することになる。

《図表1-1-1》マンション管理組合の法人税法上の区分

法人税法上の区分	
人格のない社団等	**公益法人等**
・管理組合 ・団地管理組合	・管理組合法人 ・団地管理組合法人

　法人税法では，公益法人等及び人格のない社団等については収益事業から生じた所得以外の所得については，各事業年度の所得に対する法人税を課さないとしている（法法7）。

　すなわち，いわゆる「マンション管理組合」は収益事業を行わない限り法人税を課されることはない。

　なお，本章では便宜上，管理組合及び団地管理組合を「管理組合」，管理組合法人及び団地管理組合法人を「管理組合法人」，これらすべてを称する場合に「マンション管理組合」と表記する。

⑵　マンション管理組合の課税実態

　マンション管理組合が収益事業を行う場合には，当該収益事業の所得について課税されることになる。

　しかし，マンション管理組合では，これまで非常に多くの申告漏れが生じていた。

　これは，マンション管理組合で収益事業が行われること自体が稀であったことに加え，収益事業を行った場合の申告義務が周知されていなかったためと思料される。

　その後，携帯電話基地局の設置による収入を得るマンション管理組合が増加し，また，空き駐車場を外部貸しするケースも目立つようになり，平成22年頃から，税務署がマンション管理組合へ携帯電話基地局収入について税務申告を行うように指導するケースが増加してきた。

　また，平成27年頃には，東京国税局が行政指導文書（「マンション管理組合が行う収益事業の申告等」）を管理会社向けに通達し，収益事業を行うマンション管理組合に対して適正に申告・納税を行うように指導することを促した。

　このような経緯を経て，収益事業を行うマンション管理組合の納税義務は徐々に周知され，また，マンション管理組合及び管理会社のコンプライアンス意識の高まりも相まって，申告・納税するマンション管理組合が近年，著しく増加している。

⑶　管理組合は「人格のない社団等」

　管理組合が「人格のない社団等」に該当することが周知されていないとして，携帯電話基地局収入の課税に対し国税不服審判所に申し立てが行われている（国税不服審判所　平成25年10月15日裁決）。

　しかし，以下のとおり法の不知により法人税法の規定を適用しないと

の規定はないとの理由で，当該請求は棄却され，また，管理組合が「人格のない社団等」に該当することが明示されている。

参考資料　国税不服審判所　公表裁決事例要旨

【団地の管理組合である請求人は，人格のない社団等に該当し，団地共用部分の賃貸による収入は，請求人の収益事業による収入であるとした事例（平19.4.1～平24.3.31の各事業年度の法人税の各決定処分及び無申告加算税の各賦課決定処分・棄却・平成25年10月15日裁決）】

《ポイント》
　本事例は，団地共用部分を携帯電話会社に対し無線基地局設置のために賃貸して得た収入について，団地の管理組合である請求人の収益事業（不動産貸付業）による収益と認めたものである。

《要旨》
　請求人は，人格のない社団等という言葉は一般的に知られておらず，原処分庁は周知や指導をしていないのであるから，請求人には人格のない社団等に該当するか否かの認識がない旨主張する。
　しかしながら，法人税法第2条《定義》第8号は，法人でない社団又は財団で代表者又は管理人の定めのあるものを「人格のない社団等」と定義し，当該人格のない社団等とは，①団体としての組織を備え，②多数決の原則が行われ，③構成員の変更にかかわらず団体が存続し，④その組織において代表の方法，総会の運営，財産の管理等団体としての主要な点が確定している団体をいうと解されているところ，請求人が建物の区分所有等に関する法律第30条《規約事項》に基づいて定めた管理組合規約によれば，請求人は，上記①ないし④の要件を充足する団体であると認められるから，人格のない社団等に該当する。

《参照条文等》
　法人税法第2条第8号，第3条

《参考判決・裁決》
　最高裁昭和39年10月15日第一小法廷判決（民集18巻8号1671頁）

また，国税庁の文書回答事例「マンション管理組合が区分所有者以外の者へのマンション駐車場の使用を認めた場合の収益事業の判定について」の文中においても，管理組合が「人格のない社団等」に該当することが明示されている。該当箇所を抜粋すると以下のとおりである。

> 　法人でない管理組合は建物並びにその敷地及び附属施設の管理を行うことを目的とし，法人でない団地管理組合は団地内の土地，附属施設及び専有部分のある建物の管理を行うことを目的として構成された団体であることからすれば，共同の目的のために結集した人的結合体であって，団体としての組織を備えているものと考えられます。また，規約を定めることにより，多数決の原則が行われ，構成員の変更にかかわらず団体そのものが存続し，代表の方法，総会の運営，財産の管理等団体としての主要な点が確定していることを前提とすれば，法人税法上，人格のない社団等に該当するものと考えられます（法法2八，法基通1-1-1）。

なお，マンション管理組合の法人税法上の取扱いについて国税庁が公表している文書は以下のとおりである。

> 【質疑応答事例】
> ●団地管理組合等が行う駐車場の収益事業判定
> ●マンション管理組合が携帯電話基地局の設置場所を貸し付けた場合の収益事業判定
> 【文書回答事例】
> ●マンション管理組合が区分所有者以外の者へのマンション駐車場の使用を認めた場合の収益事業の判定について

(4)　収益事業の意義

マンション管理組合は収益事業を行う場合のみ課税されるが，法人税法では，収益事業を「販売業，製造業その他政令で定める事業で，継続して事業場を設けて行われるものである（法法2十三）」としている。

したがって，マンション管理組合の行う取引が，政令で定める34事業

に該当し，継続して事業場を設けて行われている場合には収益事業に該
当することになる。

《参考》法人税法施行令第5条に記載される34事業

1．物品販売業，2．不動産販売業，3．金銭貸付業，4．物品貸付業，5．
不動産貸付業，6．製造業，7．通信業，8．運送業，9．倉庫業，10．請負
業，11．印刷業，12．出版業，13．写真業，14．席貸業，15．旅館業，16．料
理店業その他の飲食店業，17．周旋業，18．代理業，19．仲立業，20．問屋業，
21．鉱業，22．土石採取業，23．浴場業，24．理容業，25．美容業，26．興行
業，27．遊技所業，28．遊覧所業，29．医療保険業，30．技芸教授業，31．駐
車場業，32．信用保証業，33．無体財産権提供業，34．労働者派遣業

---

(5)　「継続して行われるもの」

　収益事業の意義の「継続して…行われるもの」には，各事業年度の全
期間を通じて継続して行うもののほか，通常相当期間にわたって継続し
て行われるもの又は定期的に，若しくは不定期に反復して行われるもの
も含まれる（法基通15-1-5）。

(6)　「事業場を設けて行われるもの」

　収益事業の意義の「事業場を設けて行われるもの」には，常時店舗，
事務所等事業活動の拠点となる一定の場所を設けてその事業を行うもの
のほか，必要に応じて随時その事業活動のための場所を設け，又は既存
の施設を利用してその事業活動を行うものが含まれる。
　したがって，移動販売，移動演劇興行等のようにその事業活動を行う
場所が転々と移動するものであっても，「事業場を設けて行われるもの」
に該当する（法基通15-1-4）。マンション管理組合の場合は，主として
マンションの所在地がこの「事業場」に該当することになる。

(7)　マンション管理組合の収益事業例

　税務署等によるマンション管理組合の収益事業申告漏れについての指摘は，主に不動産貸付業に該当する携帯電話基地局設置収入であったが，それ以外でも，マンション管理組合が区分所有者以外の者（外部者）と図表1-1-2のような取引を行っている場合には収益事業に該当する可能性がある。

《図表1-1-2》マンション管理組合の収益事業例

不動産貸付業	携帯電話基地局設置収入 駐車場サブリース カーシェアリング収入 看板設置収入 管理人室賃貸収入 テナント賃貸収入 キッチンカー出店収入 自動販売機設置収入 電柱設置収入 送電線下補償金収入 公衆電話設置収入 ケーブルテレビ設置収入 インターネット設備設置収入
製造業	太陽光発電設備による電力売却収入
物品貸付業	組合備品のレンタル収入
席貸業	会議室使用料収入
旅館業	ゲストルーム宿泊料収入
駐車場業	駐車場収入
遊技所業	プール・スタジオ等の使用料収入

(8)　収益事業の例外（区分所有者との取引）

　マンション管理組合と区分所有者との間には，主に以下の3つの取引がある。

> ①　管理費，修繕積立金
> ②　駐車場・駐輪場・バイク置場等の専用使用部分の使用料
> ③　ゲストルーム，会議室等の共用部分の使用料

　①は34事業に該当しないため収益事業には該当しない。

　一方，②及び③は34事業に該当するため，継続的に行われているのであれば収益事業の要件を満たすことになる。

　しかし，国税庁の質疑応答事例「団地管理組合等が行う駐車場の収益事業判定」によれば，以下の条件を満たす場合には区分所有者（入居者）から受領する駐車料金は収益事業に該当しないものとされている。

> ● 管理組合という地域自治会が，その自治会の構成員を対象として行う共済的な事業であること。
> ● 駐車料金は，区分所有者が所有している共有物たる駐車場の敷地を特別に利用したことによる「管理費の割増金」と考えられること。
> ● その収入は，区分所有者に分配されることなく，管理組合において運営費又は修繕積立金の一部に充当されていること。

　したがって，当該趣旨を勘案すると上記②，③の取引は収益事業には該当しないこととなる。

【参考資料】　**国税庁質疑応答事例　団地管理組合等が行う駐車場の収益事業判定**

【照会要旨】

　団地管理組合又は団地管理組合法人（以下「管理組合」といいます）が，その業務の一環として，その区分所有者（入居者）を対象として行っている駐車場業は，収益事業に該当するでしょうか。

（事業の概要）

① 　駐車場業は，その区分所有者を対象として行われています。

② 　駐車場の敷地は，その区分所有者が所有しています。

③ 　その収入は，通常の管理費等と区分することなく，一体として運用されています。

④ 　駐車料金は，付近の駐車場と比較し低額です。

【回答要旨】

　照会の事実関係を前提とする限り，収益事業に該当しません。

（理由）

① 　管理組合という地域自治会が，その自治会の構成員を対象として行う共済的な事業であること。

② 　駐車料金は，区分所有者が所有している共有物たる駐車場の敷地を特別に利用したことによる「管理費の割増金」と考えられること。

③ 　その収入は，区分所有者に分配されることなく，管理組合において運営費又は修繕積立金の一部に充当されていること。

　（注）

　団地管理組合…………人格のない社団等

　団地管理組合法人……法人税法第2条第6号の公益法人等とみなされます。

　　　　ただし，寄附金，法人税率については，普通法人と同様に取り扱われます（建物の区分所有等に関する法律第47条第13項）。

【関係法令通達】

法人税法施行令第5条第1項第31号

建物の区分所有等に関する法律第47条第13項

平成24年2月13日回答「マンション管理組合が区分所有者以外の者へのマンション駐車場の使用を認めた場合の収益事業の判定について」

(9)　共用部を外部者が使用した場合の取扱い

　前述のとおり，マンション管理組合が共用部を使用させる対価として収入を得る場合，区分所有者との取引だけであれば収益事業とはならない。

　一方で，外部者との取引が生じる場合には，以下の3つのケースのいずれかに該当することになる。

> ①　区分所有者使用分，外部者使用分とも収益事業に該当する（全部収益事業）。
> ②　外部者使用分だけが収益事業に該当する（一部収益事業）。
> ③　区分所有者使用分，外部者使用分とも収益事業に該当しない（全部非収益事業）。

　これらの取扱いについては，国税庁の文書回答事例「マンション管理組合が区分所有者以外の者へのマンション駐車場の使用を認めた場合の収益事業の判定について」（以下「文書回答事例」という）において3つの設例により解説されている。

①　全部収益事業

　文書回答事例では，マンション管理組合が駐車場の募集を区分所有者，外部者とも同一の条件で行い，区分所有者から使用希望があった場合でも外部者に早期の明け渡しを求めないなど，区分所有者も外部者も同様に取り扱う場合には，市中の有料駐車場と同様の駐車場業を行っているものと考えられるためマンション管理組合が受領する区分所有者からの利用料も含めてすべて収益事業としている。

②　一部収益事業

　文書回答事例では，駐車場を一部外部貸しする場合に，区分所有者に対する一定の優先性があれば，少なくとも区分所有者の使用に限れば，管理業務の一環としての「共済的事業」であり，収益事業たる「駐車場業」には該当しないと考えられるとして，以下のような区分所有者の優先条件を例示している。

> ● 区分所有者の使用希望がない場合にのみ外部使用を行うこととし，外部使用により空き駐車場が解消している状態で，区分所有者から駐車場の使用希望があったときには，一定の期間（例えば3ヶ月）以内に，外部使用を受けている者は明け渡さなければならない。
> ● 使用期間を1年とする契約である場合には，使用期間の満了時において区分所有者の使用希望があるときには使用期間を更新しない。

　また外部使用分については，「共済的事業」とは別に，異なる独立した事業を行っていると考えることが相当であるとして，以下の状況を記載している。

> ● 外部使用の募集は，区分所有者への使用とは別に，広く外部に向けて行っていること。
> ● 区分所有者に対する使用に一定の優先性が見られるなど，区分所有者と区分所有者以外との間で使用条件が異なること。
> ● 外部使用は，区分所有者からの使用希望があれば，一定の期間後に終了するものの，区分所有者からの使用希望がなければ長期間となること（短期間とは限らないこと）。
> ● 管理費又は修繕積立金が不足するおそれに備えて，収入を得ることが目的であること。

③　全部非収益事業

　文書回答事例では，外部使用を含めた駐車場使用の全体が収益事業に該当しないものとして，以下の設例を記載している。

> - 区分所有者から使用希望者が現れるまでの間，空き駐車場の状態にしておく予定。
> - 近隣で道路工事を行っている土木業者から，工事期間（約2週間）に限定して空き駐車場を使用したいとの申出。
> - 短期間であり，区分所有者の利用の妨げにならないと考えられることから，これに応ずる。

　この設例では，組合が積極的に外部使用を行おうとしたわけではなく，相手方（区分所有者以外の者）の申出に応じたものであり，また，区分所有者の利用の妨げにならない範囲内でごく短期的に行うものであるため，区分所有者の使用とは異なる独立した事業とすべき事情が存在せず，区分所有者に対する駐車場使用（共済的事業）と一体的に行っているものとしている。

　さらに，このような外部使用は「共済的事業」に付随して行われる行為であることから，外部使用を含めた駐車場使用の全体が収益事業に該当しないものとしている。

④　収益事業判定

　上記文書回答事例の内容を整理すると概ね**図表1-1-3**のようになる。

《**図表1-1-3**》共用部を一部外部者が利用する場合の収益事業判定

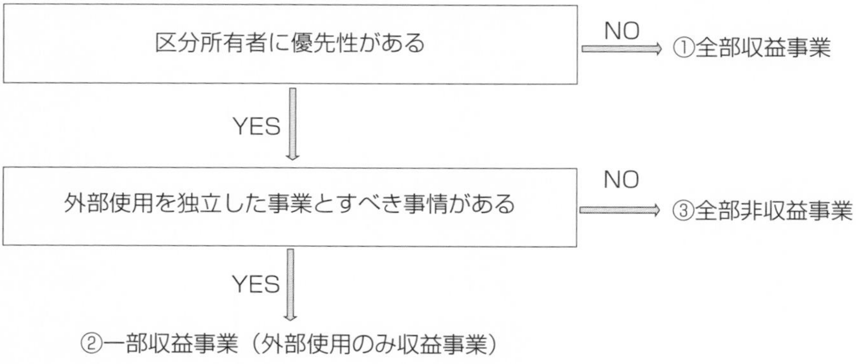

区分所有者に優先性がある ──NO──▶ ①全部収益事業

YES ↓

外部使用を独立した事業とすべき事情がある ──NO──▶ ③全部非収益事業

YES ↓

②一部収益事業（外部使用のみ収益事業）

　したがって，区分所有者使用分が課税されないようにするためには，区分所有者の優先性が必要であり，一方で，外部使用を独立した事業とすべき事情がない場合には，外部使用分も含めて課税されないことになる。

　なお，文書回答事例では，外部使用を独立した事業とすべき事情の有無について概ね**図表1-1-4**のように説明している。

《図表1-1-4》外部使用を独立した事業とすべき事情の有無

	外部使用を独立した事業とすべき事情	
	有	無
外部使用者の募集	広く外部に向けて行う	相手方の申出による
使用方法・使用期間	区分所有者優先，区分所有者からの使用希望がなければ長期間となる（短期間とは限らない）	区分所有者の妨げにならない範囲内でごく短期間
外部使用の目的	収入獲得	共済的事業の付随業務

　文書回答事例は駐車場使用を前提としたものであるが，共用部を外部者に使用させる場合には，これらを参考に税務上の取扱いを判断することになる。

　なお，設例において明確な記載はないが，例えば相手方の申出がある場合のみ共用部を利用させることとしていても，外部使用により継続して収益を獲得することが目的である場合には，原則として収益事業に該当するものと思料される。

参考資料　国税庁文書回答事例　マンション管理組合が区分所有者以外の者への
マンション駐車場の使用を認めた場合の収益事業の判定について

国住マ第43号　平成24年2月3日
国税庁　課税部　課税部長　西村　善嗣　殿
国土交通省住宅局　住宅局長　川本　正一郎

1　照会の経緯

　昨今のマンション事情として，マンションに設置された駐車場の利用者が減少し，空き駐車場が生ずるケースが増加しているところであり，マンション管理組合から，空き駐車場の有効利用につき相談が寄せられるケースが増加してきています。

　空き駐車場の有効利用に関して寄せられる相談の一つとして，空き駐車場を区分所有者以外の者への使用を認めた場合（外部使用）の課税関係があります。

　そこで，区分所有者以外の者へのマンション駐車場の使用を認めた場合のマンション管理組合に係る課税関係を整理したく，本件の照会を行うに至ったところです。

2　事実関係

(1)　マンション管理組合について

イ　区分所有法上の管理組合等

　建物の区分所有等に関する法律（以下「区分所有法」といいます。）においては，一棟の建物に構造上区分された数個の部分で独立して住居，店舗，事務所又は倉庫その他建物としての用途に供することができるものがあるときは，その各部分は，区分所有法の定めるところにより，それぞれ所有権の目的とすることができるとされています（区分所有法1）。

　この建物の部分（規約により共用部分とされたものを除きます。）を目的とする所有権を区分所有権といい，区分所有者とは区分所有権を有する者をいいます（区分所有法2①②）。

　この区分所有者は，全員で，建物並びにその敷地及び附属施設の管理を行うための団体を構成し，区分所有法の定めるところにより，集会を開き，規約を定め及び管理者を置くことができるとされており（区分所有法3），この区分所有者の団体（以下「管理組合」といいます。）は区分所有者及び議決権の各4分の3以上の多数による集会の決議等を経て法人（以下「管理組合法人」といいます。）となることができるとされています（区分所有法47）。

　また，一団地内に数棟の建物があって，その団地内の土地又は附属施設（こ

れらに関する権利を含みます。）がそれらの建物の所有者（専有部分のある建物にあっては，区分所有者）の共有に属する場合には，それらの所有者（以下「団地建物所有者」といいます。）は，全員で，その団地内の土地，附属施設及び専有部分のある建物の管理を行うための団体を構成し，区分所有法の定めるところにより，集会を開き，規約を定め及び管理者を置くことができるとされており（区分所有法65），この団地建物所有者の団体（以下「団地管理組合」といいます。）は団地建物所有者及び議決権の各４分の３以上の多数による集会の決議を経て法人（以下「団地管理組合法人」といいます。）となることができるとされています（区分所有法66，47）。

（注）

1　法人でない管理組合は建物並びにその敷地及び附属施設の管理を行うことを目的とし，法人でない団地管理組合は団地内の土地，附属施設及び専有部分のある建物の管理を行うことを目的として構成された団体であることからすれば，共同の目的のために結集した人的結合体であって，団体としての組織を備えているものと考えられます。また，規約を定めることにより，多数決の原則が行われ，構成員の変更にかかわらず団体そのものが存続し，代表の方法，総会の運営，財産の管理等団体としての主要な点が確定していることを前提とすれば，法人税法上，人格のない社団等に該当するものと考えられます（法法２八，法基通１-１-１）。

2　管理組合法人及び団地管理組合法人は，法人税法その他法人税の規定の適用に当たっては，公益法人等とみなすこととされています（区分所有法47⑬，66）。

ロ　マンションの管理の適正化の推進に関する法律上の管理組合等

マンションの管理の適正化の推進に関する法律（以下「適正化法」といいます。）におけるマンションとは，次に掲げるものをいうこととされています（適正化法２一）。

①　二以上の区分所有者が存する建物で人の居住の用に供する専有部分があるもの並びにその敷地及び附属施設

②　一団地内の土地又は附属施設が当該団地内にある①に掲げる建物を含む数棟の建物の所有者（専有部分のある建物にあっては，区分所有者）の共有に属する場合における当該土地及び附属施設

また，適正化法における管理組合とは，上記①及び②に掲げるマンションの管理を行う区分所有法上の管理組合及び管理組合法人並びに団地管理組合及び

団地管理組合法人をいうこととされています（適正化法２三）。

ハ　本件照会のマンション管理組合

　　法律上，マンション管理組合の定義は存在しないところですが，上記のとおり，適正化法において，マンションが定義され，その管理を行う団体として管理組合，管理組合法人，団地管理組合及び団地管理組合法人が定められていることからすれば，マンションを管理する管理組合，管理組合法人，団地管理組合及び団地管理組合法人がいわゆる「マンション管理組合」に該当するものとも考えられますが，説明を簡素化するため，本件照会におけるマンション管理組合とは，マンションを管理する管理組合及び管理組合法人を指すものとさせていただきます。

　　なお，マンション管理組合のうち管理組合については，法人税法上，人格のない社団等に該当することを前提として照会させていただきます。

(2)　区分所有者への駐車場使用等
イ　人格のない社団等及び公益法人等の課税関係
　　本件照会のマンション管理組合は，法人税法上，人格のない社団等又は公益法人等に該当することを照会の前提としたところです。

　　法人税法上，内国法人（人格のない社団等を含みます。）に対しては，各事業年度の所得について法人税を課することとされており（法法３，５），このうち公益法人等及び人格のない社団等に対しては，各事業年度の所得のうち収益事業から生じた所得以外の所得（以下「非収益事業から生じた所得」といいます。）には法人税を課さないこととされています（法法７）。

　　したがって，マンション管理組合に対する法人税は，収益事業から生じた所得にのみ課されることとなります。

ロ　収益事業の範囲
　　法人税法上の収益事業とは，販売業，製造業その他の一定の事業で，継続して事業場を設けて行われるものをいい（法法２十三），この一定の事業には駐車場業が含まれています（法令５①三十一）。

　　したがって，マンション管理組合が，継続してマンション駐車場という常設された附属施設で駐車場業を行えば，収益事業に該当し，その収益事業から生じた所得に対して法人税が課されることになります。

ハ　区分所有者を対象とする駐車場の使用

　マンションにおいて，通常は，マンションの居住者が快適な生活を送るためには，住民の間でマンションの維持・管理や生活の基本的ルールとして管理規約を定める必要があります。このため，国土交通省においては，管理規約の標準的モデルとして「マンション標準管理規約（単棟型）」（以下「標準管理規約」といいます。）等を定めているところです。

　マンションの附属施設として駐車場が設置されている場合，標準管理規約においては，マンション管理組合と駐車場を使用したい特定の区分所有者との間で駐車場使用契約を締結するという方法を採っているところであり，区分所有者以外の者に駐車場を使用させることは想定されていません（標準管理規約第15条）。

　また，この駐車場使用による使用料収入は，その管理に要する費用に充てるほか，修繕積立金として積み立てることとされており，その使途が限定されています（標準管理規約第29条）。

　このような標準管理規約に沿った管理規約を定めて区分所有者に対して駐車場の使用を認め，マンション管理組合が駐車場の使用料収入を受領している場合，国税庁ホームページの「質疑応答事例」に掲載されている「団地管理組合等が行う駐車場の収益事業判定」に照らせば，マンション管理組合が行う駐車場の貸出しは，

　　①　マンション管理組合の組合員である区分所有者を対象とした共済的事業であること，

　　②　駐車料金は区分所有者がマンションの附属施設である駐車場の敷地を特別に利用することによる「管理費の割増金」と考えられること，

　　③　駐車場の使用料収入は，区分所有者に分配されることなく，管理組合において駐車場の管理に要する費用を含めた管理費又は修繕積立金の一部に充当されること

からすれば，マンション管理組合が区分所有法による団体の目的である「建物並びにその敷地及び附属施設の管理」という管理業務の一環として行われるものであり（区分所有法３），収益事業たる駐車場業には該当しないと解しているところです。

(3)　区分所有者以外の者を対象とする駐車場の使用

　上記(2)のハでは，標準管理規約においては，区分所有者以外の者が駐車場を使用することは想定されていないとの説明をしたところです。

　このことは，標準管理規約第15条が「マンションの住戸の数に比べて駐車場の収容台数が不足しており，駐車場の利用希望者（空き待ち）が多いという一般的状況を前提としている」（標準管理規約コメント第15条関係）ことによるものであり，区分所有者以外の者に駐車場の使用を認めることを制限しているわけではありません。

　したがって，標準管理規約に沿った管理規約を定めているマンション管理組合であっても，総会の決議により管理規約を変更して区分所有者以外の者に対して駐車場の使用を認めることは可能です。

3　照会事項（事前照会の趣旨）

　「1　照会の経緯」で説明したとおり，昨今のマンション事情として，マンションに設置された駐車場の利用者が減少し，空き駐車場が生ずるケースが増加しているところであり，この空き駐車場の有効利用方策の一つとして区分所有者以外への使用が検討されています。

　マンション駐車場の区分所有者以外の者の使用（以下「外部使用」といいます。）といいましても，空き駐車場の場所，台数，使用可能期間といった駐車場の空き状況は個々のマンションごとに異なりますから，駐車場の外部使用についても，その状況に応じた募集方法や契約内容によることとなります。

　このため，本件の照会においては，いくつかのモデルケース（ケース1～3）を示させていただき，そのモデルケースに対する法人税の課税関係が次の①から③までのとおりとなると解して差し支えないか，ご照会申し上げます。

① 　ケース1：駐車場の使用については，外部使用部分だけでなく，区分所有者の使用も含め，そのすべてが収益事業に該当する。

② 　ケース2：駐車場の使用については，外部使用部分のみが収益事業に該当する。

③ 　ケース3：駐車場の使用については，区分所有者への使用のみならず，外部使用部分も含め，そのすべてが収益事業に該当しない。

4　モデルケース

　上記3のケース1からケース3までに係る事実関係等を以下において説明しますが，それぞれのケースのマンションの管理規約が，①外部使用が可能となっていること，②駐車場の外部使用に係る収益はマンション管理費又は修繕積立金に充当すること（区分所有者に分配しないこと）及び③特に記載していない事項については標準管理規約どおりであることを前提とします。

(1)　ケース１

　Aマンションにおいては，恒常的に相当な台数分の空き駐車場が生じており，マンション管理組合（以下「A組合」といいます。）が区分所有者に対して駐車場需要を確認したところ，当面は空き駐車場が解消する予定がないことが判明しました。

　仮に，この状態が継続し，現行の管理費等（駐車場使用料，管理費及び修繕積立金をいいます。以下同じです。）の金額を増額することなく維持すれば，管理費又は修繕積立金が不足することは明らかなため，A組合では駐車場の外部使用を行うこととなりました。

　この外部使用を開始するに際して，募集は区分所有者と外部者とを分けずに広く行い，使用は区分所有者であるかどうかを問わず申込み順とし，使用料や使用期間などの使用条件についても区分所有者と同様の条件とする予定です。

　したがって，外部使用を行うことにより空き駐車場が解消している状態で，区分所有者から駐車場の使用希望があった場合でも，外部使用を受けている者に対して早期退去を求めるようなことはありません。

(2)　ケース２

　Bマンションにおいても，恒常的に空き駐車場が生じており，マンション管理組合（以下「B組合」といいます。）が区分所有者に対して駐車場需要を確認したところ，当面は空き駐車場が解消する予定がないことが判明しました。

　このため，Aマンションと同様に，Bマンションにおいても駐車場の外部使用を行うこととなりました。

　この外部使用を開始するに際して，募集は区分所有者とは別に外部に対しても広く行いますが，あくまで区分所有者のための駐車場であることから，外部使用に当たっては，区分所有者を優先する条件を設定することとしました。

　具体的には，区分所有者の使用希望がない場合にのみ外部使用を行うこととし，外部使用により空き駐車場が解消している状態で，区分所有者から駐車場の使用希望があったときには，一定の期間（例えば３ヶ月）以内に，外部使用を受けている者は明け渡さなければならないという条件です。

（注）　上記の外部使用を受けている者の明け渡しについては，使用期間を１年とする契約である場合には，使用期間の満了時において区分所有者の使用希望があるときには使用期間を更新しないことといった条件を付することにより，区分所有者の優先使用を確保することも考えられます。

(3)　ケース3

　Cマンションにおいては，先日，区分所有者の異動により空き駐車場が生じることとなりましたが，他の区分所有者の中には使用希望者がいないため，区分所有者から使用希望者が現れるまでの間，空き駐車場の状態にしておく予定でいました。

　この度，近隣で道路工事を行っている土木業者から，マンション管理組合（以下「C組合」といいます。）に対して，工事期間（約2週間）に限定して空き駐車場を使用したいとの申出がありました。

　これを受けて，C組合で検討した結果，短期間であり，区分所有者の利用の妨げにならないと考えられることから，これに応ずることにしたところです。

5　理由（照会者の求める見解となることの根拠）

　上記2の(2)において，マンション管理組合が行う区分所有者に対する駐車場の使用は，マンション管理組合が区分所有法による団体の目的である「建物並びにその敷地及び附属施設の管理」という管理業務の一環として行われているから収益事業に該当しないとする理由は，次の①から③までとしています。

　①　マンション管理組合の組合員である区分所有者を対象とした共済的事業であること

　②　駐車料金は区分所有者がマンションの附属施設である駐車場の敷地を特別に利用することによる「管理費の割増金」と考えられること

　③　駐車場の使用料収入は，区分所有者に分配されることなく，管理組合において駐車場の管理に要する費用を含む管理費又は修繕積立金の一部に充当されること

　これらを外部使用に当てはめれば，まず①についてですが，少なくとも駐車場の外部使用は「区分所有者を対象」としないものですから，ケース1からケース3までのいずれについても区分所有者のための「共済的事業」と言い切れるものではありません。

　また，②についても，駐車場の外部使用による収入は，区分所有者以外の者からの収入であることから，「管理費の割増金」と考えることができない部分があることとなります。

　なお，③については，上記4の②のとおり「駐車場の外部使用に係る収益はマンション管理費又は修繕積立金に充当すること（区分所有者に分配しないこと）」を照会の前提としていることから（上記4参照），すべてのケースにおい

て満たしていることとなります。

　これらの点を踏まえ，以下においては，それぞれのケースに対する収益事業判定に係る照会者としての見解を説明いたします。

(1)　ケース1

　A組合が行う外部使用は，募集は外部に対しても広く行い外部使用の条件も区分所有者に対するものと同様の条件とすることとしています。また，外部使用を行っている状態で，区分所有者から駐車場の使用希望があったとしても，外部使用を受けている者に対して早期明け渡しを求めません。

　これらのことからすれば，区分所有者に対する優先性がまったく見られず，Aマンションの敷地内にあるものの，管理業務の一環としての「共済的事業」とは認められず，市中の有料駐車場と同様の駐車場業を行っているものと考えられます。

　したがって，ケース1の場合には，区分所有者に対する使用と区分所有者以外の者に対する使用を区分することなく，その全体が収益事業たる駐車場業に該当することとなると考えております。

(2)　ケース2

　B組合が行う外部使用についても，募集は外部に対しても広く行うこととしています。

　しかしながら，区分所有者の使用希望がない場合にのみ外部使用を行うこととし，また，外部使用を行っている状態で区分所有者から駐車場の使用希望があった場合には，一定の期間（例えば3ヶ月）以内に，外部使用を受けている者は明け渡さなければならないといった区分所有者を優先する条件を設定することとしています。

　これらのことからすれば，B組合が行う駐車場使用には，区分所有者に対する一定の優先性が見られることから，少なくとも区分所有者の使用に限れば，管理業務の一環としての「共済的事業」であり，収益事業たる「駐車場業」には該当しないと考えられます。

　次に，区分所有者以外の者に対する外部使用ですが，この外部使用を区分所有者に対する使用と一体不可分のものとして行っているかについて検討すれば，次の点からすれば，外部使用は管理業務の一環としての「共済的事業」とは別に，異なる独立した事業を行っていると考えることが相当です。

　①　外部使用の募集は，区分所有者への使用とは別に，広く外部に向けて

　　行っていること。
②　区分所有者に対する使用に一定の優先性が見られるなど，区分所有者と
　　区分所有者以外との間で使用条件が異なること。
③　外部使用は，区分所有者からの使用希望があれば，一定の期間後に終了
　　するものの，区分所有者からの使用希望がなければ長期間となること（短
　　期間とは限らないこと）。
④　管理費又は修繕積立金が不足するおそれに備えて，収入を得ることが目
　　的であること。
　このように独立した事業である駐車場の外部使用について，収益事業に該当
するかどうかの検討をすれば，駐車場の使用であり，かつ，使用する者が区分
所有者以外であることから，「共済的事業」及び「管理費の割増金」といった
性質のものではないため，「駐車場業」（法令5①三十一）として収益事業に該
当することとなります。
（注）　収益事業から生ずる所得に関する経理と収益事業以外の事業から生ずる
　　　所得に関する経理とを区分して行わなければなりませんが（法令6），こ
　　　の区分経理を行っているかどうかが収益事業に該当するかどうかの判断基
　　　準とはならないと認識しております。

(3)　ケース3
　C組合が行う外部使用は，そもそも積極的にC組合が外部使用を行おうとし
たわけではなく，相手方（区分所有者以外の者）の申出に応じたものであり，
また，区分所有者の利用の妨げにならない範囲内で，ごく短期的に行うもので
すから，ケース2において上記(2)の①から④までに掲げた区分所有者に対する
使用とは異なる独立した事業とすべき事情も存在しません。
　したがって，C組合が行う外部使用は，管理業務の一環としての「共済的事
業」である区分所有者に対する駐車場使用と一体的に行っているものと考えら
れます。
　次に，一体的に行っている事業（管理業務）における収入の一部が区分所有
者以外の者からの収入（外部使用による駐車場収入）であることをもって，そ
の事業全体が収益事業である駐車場業に該当するかどうかについて検討をしま
す。
　この点，収益事業の範囲については，収益事業には「その性質上その事業に
付随して行われる行為を含む。」（法令5①）とされていることからすれば，収
益事業に該当しない事業にも「その性質上その事業に付随して行われる行為を

含む。」と整理することができると考えています。

　したがって，C組合が行う外部使用については，管理業務の一環として行われている区分所有者に対する駐車場使用に付随して行われる行為であることから，この外部使用を含めたC組合が行う駐車場使用の全体が収益事業には該当しないものと解して差し支えないと考えたところです。

6　参考

(1)　収益事業に該当する場合の所得金額の計算について

　上記のとおり，マンション管理組合の管理業務全体としてみれば，ケース１及びケース２の場合には，管理業務の一環としての「共済的事業」（非収益事業）と駐車場業という収益事業とを行っていることになりますが，この場合における収益事業に係る所得計算における費用又は損失の額については，法人税基本通達15-2-5（費用又は損失の区分経理）に従って計算することとなります。

　　○　法人税基本通達

（費用又は損失の区分経理）

15-2-5　公益法人等又は人格のない社団等が収益事業と収益事業以外の事業とを行っている場合における費用又は損失の額の区分経理については，次による。

　(1)　収益事業について直接要した費用の額又は収益事業について直接生じた損失の額は，収益事業に係る費用又は損失の額として経理する。

　(2)　収益事業と収益事業以外の事業とに共通する費用又は損失の額は，継続的に，資産の使用割合，従業員の従事割合，資産の帳簿価額の比，収入金額の比その他当該費用又は損失の性質に応ずる合理的な基準により収益事業と収益事業以外の事業とに配賦し，これに基づいて経理する。

　（注）　公益法人等又は人格のない社団等が収益事業以外の事業に属する金銭その他の資産を収益事業のために使用した場合においても，これにつき収益事業から収益事業以外の事業へ賃借料，支払利子等を支払うこととしてその額を収益事業に係る費用又は損失として経理することはできないことに留意する。

　したがって，ケース１においては，募集に要した費用や駐車場の維持管理に要した清掃費・日常点検費用のほか管理費から支出する経常的な補修費などは，同通達(1)の「直接要した費用の額」に該当することとなると考えられます。

　また，ケース２においては，外部に対する募集に要した費用など，外部使用

を行うために要した費用は，同通達(1)の「直接要した費用の額」に該当し，駐車場の維持管理に要した清掃費・日常点検費用のほか管理費から支出する経常的な補修費などは，区分所有者への使用と外部使用に共通する費用ですから，同通達(2)の「共通する費用・・の額」に該当し，台数及び使用期間などの合理的な基準により外部使用に係る費用の額を配賦することになります。

　なお，駐車場施設をはじめとする外部使用に必要な資産は，区分所有者の共有物であり，マンション管理組合の所有物ではないことから，通常，マンション管理組合の収益事業にかかる所得計算において減価償却費が計上されることはないと認識しております。

(2)　団地管理組合等が管理する駐車場について

　本件照会においては，上記2(1)のハにおいて，管理組合及び管理組合法人をマンション管理組合と定義付け説明してまいりましたが，団地管理組合及び団地管理組合法人（団地管理組合等）においても，マンション管理組合と同様に建物の所有者の共有に属する駐車場を管理することがあり，建物の所有者以外の者に当該駐車場を使用させた場合の収益事業の判定もマンション管理組合と同様に行うものと考えております。

マンション駐車場の外部使用（イメージ）

> 前提
>
> ・ マンションの管理規約が、区分所有者以外の者（非区分所有者）に対して駐車場の外部使用を行うことが可能となっている。
>
> ・ 非区分所有者への駐車場の使用による収益は、マンション管理費又は修繕積立金に充当し、区分所有者へは分配しない。
>
> ※　以下では、区分所有者の使用を 内部 、非区分所有者の使用を 外部 と表示。

《 ケース1 》

[事実関係]

・ 募集は広く行い、使用許可は、区分所有者であるかどうかを問わず、申込み順とする。

・ 使用料金、使用期間などの貸出し条件において、区分所有者と非区分所有者との差異がない。

⇒ もはや、区分所有者のための共済的な事業とはいえない（単なる市中の有料駐車場と変わらない。）。

> 非区分所有者の使用のみならず、区分所有者の使用を含めた駐車場使用のすべてが駐車場業として収益事業に該当する。 ⇒ **全部収益事業**

《 ケース2 》

[事実関係]

・ 区分所有者の使用希望がない場合にのみ非区分所有者への募集を行い、申込みがあれば許可する。

・ 貸出しを受けた非区分所有者は、区分所有者の使用希望があれば、早期に明け渡す必要がある。

⇒ 区分所有者のための共済的な事業と余剰スペースを活用する事業を行っている。

> 区分所有者の使用は共済的な事業（非収益事業）であり、余剰スペースを利用した事業のみが収益事業（駐車場業）に該当する。 ⇒ **一部収益事業（区分経理が必要）**

《 ケース3 》

[事実関係]

・ 区分所有者の使用希望がない場合であっても、非区分所有者に対する積極的な募集は行わない。

・ 非区分所有者から申出があり、空き駐車場があれば、短期的な非区分所有者への貸出しを許可する。

⇒ 臨時的かつ短期的な貸出しに過ぎず、非区分所有者への貸出しは独立した「事業」とはいえない。

> 非区分所有者の使用による収益は、区分所有者のための共済的な事業を行うに当たっての付随行為とみることができる。 ⇒ **全部非収益事業**

2 課税所得の計算等

(1) 収益事業と非収益事業の区分経理

　公益法人等及び人格のない社団等は，収益事業から生ずる所得に関する経理と収益事業以外の事業から生ずる所得に関する経理とを区分して行わなければならない（法令6）。

　また，この「所得に関する経理」とは，単に収益及び費用に関する経理だけでなく，資産及び負債に関する経理を含むことに留意する（法基通15-2-1）。

　したがって，マンション管理組合も収益事業と収益事業以外の事業を区分し，収益事業だけの貸借対照表及び損益計算書を作成しなければならない。

　なお，マンション管理組合の多くは，管理費会計と修繕積立金会計の2つの会計区分により会計処理を行っている。

　収益事業を行う場合には，この会計区分に加え，新たに収益事業としての会計区分を設ける必要はなく，決算時に収益事業と非収益事業を区分すれば足りる。

(2) 収益事業の必要経費

　マンション管理組合の収益事業の必要経費は，当該収益事業に直接要した費用（直接費）と，収益事業と非収益事業との間で共通する費用（共通費）とからなる。

　マンション管理組合の収益事業にかかる直接費や共通費は**図表1-2-1**のようなものである。

《図表1-2-1》収益事業にかかる直接費や共通費の例

直接費の例	共通費の例
●携帯電話基地局・インターネット設備等が使用する電気料（メーター別管理の場合） ●外部貸し駐車場の募集に要した広告宣伝費 ●管理組合が新たに設置した太陽光発電設備の減価償却費 ●税務申告のための税理士報酬	●区分所有者と非区分所有者が混在する駐車場の維持・メンテナンスに係る費用 ●電気料（メーター共通の場合） ●管理委託費 ●共用部分点検費 ●損害保険料

　このうち共通費については継続的に合理的な基準で按分している場合には課税所得の計算上，損金算入が可能となる。

　共通費を按分する基準については，「継続的に，資産の使用割合，従業員の従事割合，資産の帳簿価額の比，収入金額の比その他当該費用又は損失の性質に応ずる合理的な基準により収益事業と収益事業以外の事業とに配賦し，これに基づいて経理する」こととされている（法基通15-2-5(2)）。

　国税庁の文書回答事例では，駐車場を一部外部貸しした場合の共通費とその按分基準について**図表1-2-2**のように例示している。

《図表1-2-2》収益事業にかかる共通費と按分基準の例

共通費の例	按分基準の例
●駐車場の維持管理に要した清掃費 ●日常点検費用のほか管理費から支出する経常的な補修費	●台数 ●使用期間

(3) 管理委託費

　標準管理委託契約書では，管理委託費の内訳として，事務管理業務費，管理員業務費，清掃業務費，建物・設備管理業務費が記載されている。

　原則として共通費は，費目ごとに合理的な基準で按分しなければなら

ないため，上記のうち，収益事業と非収益事業に共通して発生している
ものがある場合には，管理業務負担量（作業時間等）の比率等の合理的
な基準に基づき按分する必要がある。

　しかし，実務的には合理的な按分基準である管理業務負担量（作業時
間等）を収益事業と非収益事業に区分して把握することは困難であるこ
と，また，一般的な収益事業の管理業務負担量は著しく軽微であること
から，管理委託費を収益事業の必要経費としない事例が多く見受けられ
る。

　なお，国税不服審判所の公表裁決事例（国税不服審判所　平成31年2月
25日裁決）において，従事時間や面積等の割合で合理的に按分できない
管理委託費について収入割合により按分することは，著しく不合理とま
ではいえないとの判断が公表されたことから，今後は，合理的な按分基
準がない管理委託費についても，収入割合での按分により必要経費とす
る事例が増加するものと思料される。

参考資料　国税不服審判所　平成31年2月15日裁決
　　　　　　《裁決書（抄）》

1　事実
(1)　事案の概要

　本件は，マンションの管理組合法人である審査請求人（以下「請求人」とい
う。）が，マンション屋上部分の一部を携帯電話等の基地局の設置場所として
賃貸して得た収入について，法人税等の申告をした後，当該収入に係る費用を
損金の額に算入していなかったとして更正の請求をしたところ，原処分庁が，
当該費用は損金の額に算入することができないとして，更正をすべき理由がな
い旨の通知処分をしたことから，請求人が，当該処分の一部の取消しを求めた
事案である。

(2)　関係法令等

イ　行政手続法第8条《理由の提示》第1項本文は，行政庁は，申請により求められた許認可等を拒否する処分をする場合は，申請者に対し，同時に，当該処分の理由を示さなければならない旨規定し，同条第2項は，当該処分を書面でするときは，同条第1項にいう理由は，書面により示さなければならない旨規定している。

ロ　法人税法第4条第1項は，内国法人は，この法律により，法人税を納める義務がある旨及びただし書で，公益法人等又は人格のない社団等については，収益事業を行う場合に限る旨規定している。

ハ　法人税法第22条（平成30年法律第7号による改正前のもの。）《各事業年度の所得の金額の計算》第3項は，内国法人の各事業年度の所得の金額の計算上当該事業年度の損金の額に算入すべき金額は，別段の定めがあるものを除き，次に掲げる額とするとし，同項第1号で当該事業年度の収益に係る売上原価，完成工事原価その他これらに準ずる原価の額，同項第2号で前号に掲げるもののほか，当該事業年度の販売費，一般管理費その他の費用の額とする旨規定している。

ニ　法人税法施行令第6条《収益事業を行う法人の経理の区分》は，公益法人等は，収益事業から生ずる所得に関する経理と収益事業以外の事業から生ずる所得に関する経理とを区分して行わなければならない旨規定している。

ホ　法人税基本通達（昭和44年5月1日付直審（法）25国税庁長官通達）15-2-5《費用又は損失の区分経理》（以下「本件通達」という。）は，公益法人等が収益事業と収益事業以外の事業とを行っている場合における費用の額の区分経理については，(1)として，収益事業について直接要した費用の額は，収益事業に係る費用の額として経理する旨，及び(2)として，収益事業と収益事業以外の事業とに共通する費用の額は，継続的に，資産の使用割合，従業員の従事割合，資産の帳簿価額の比，収入金額の比その他当該費用の性質に応ずる合理的な基準により収益事業と収益事業以外の事業とに配賦し，これに基づいて経理する旨を定めている。

(3)　基礎事実

　当審判所の調査及び審理の結果によれば，以下の事実が認められる。

イ　請求人は，「F」と称するマンション（以下「本件マンション」という。）を管理する管理組合法人であり，建物の区分所有等に関する法律第47条《成立等》第13項に基づき，法人税法の規定の適用については同法第2条《定義》第6号に規定する公益法人等とみなされる。

□　請求人は，平成7年5月12日，G社（以下，後にその権利義務を承継した者を含め「本件PHS会社」という。）との間で，PHS基地局設置契約（継続的にPHS基地局の設置場所の賃料を得る契約であり，以下「本件PHS基地局賃貸契約」という。）を締結した。

本件PHS基地局賃貸契約の概要は，次のとおりである。

(イ)　請求人は，本件PHS会社がPHS基地局（以下「本件PHS基地局」という。）を，本件マンションのうち，請求人が管理する共用部分である屋上の塔屋に設置することを承諾する。

(ロ)　本件PHS会社は，本件PHS基地局の設置工事及び維持管理を行い，請求人に対し，本件PHS基地局の設置場所の賃料を，請求人が管理業務を委託しているH社（以下「本件管理会社」という。）の金融機関口座に振り込む。

(ハ)　本件PHS会社は，請求人の事前の許可を得た上，本件PHS基地局の保守，点検又は維持等の事由により，本件PHS基地局の設置場所に立ち入ることができる。

ハ　請求人は，平成12年3月31日，J社（以下，「本件携帯電話会社」という。）との間で，本件マンションの屋上の一部を賃貸する契約（以下「本件携帯電話基地局賃貸契約」といい，本件PHS基地局賃貸契約と併せて「本件各賃貸契約」という。）を締結した。

本件携帯電話基地局賃貸契約の概要は，次のとおりである。

(イ)　請求人は，本件マンションの共用部分のうち，屋上の一部を賃貸部分として，本件携帯電話会社に賃貸する。

(ロ)　本件携帯電話会社は，当該賃貸部分を携帯電話の無線基地局（以下，本件PHS基地局と併せて「本件各基地局」という。）の機械室及びアンテナの設置場所として使用し，賃料を本件管理会社の金融機関口座に振り込む。

(ハ)　請求人は，本件携帯電話会社が負担する電気料金の計算のため，月末ごとに電力量計を検針し，本件携帯電話会社に報告する。

ニ　請求人は，平成23年10月1日から平成24年9月30日までの事業年度（以下「平成24年9月期」といい，他の事業年度についても同様に，その末月に「期」を付していう。）ないし平成27年9月期までの各事業年度（以下，これらの事業年度を併せて「本件各事業年度」という。）の間，本件各賃貸契約に基づき，本件PHS会社及び本件携帯電話会社に対し，本件マンションの共用部分の一部を賃貸し，本件PHS会社及び本件携帯電話会社から賃料収入（以下「本件各賃料」という。）を得た（以下，本件各賃料を得る事業を

「本件賃貸事業」という。）。

ホ　請求人は，本件各事業年度において，本件管理会社との間で，管理委託契約（以下「本件委託契約」という。）を締結した。

　　本作委託契約の概要は，次のとおりである。

（イ）　請求人は，本件マンションの管理に関する業務を本件管理会社に委託する。

（ロ）　本件管理会社の行う管理業務の内容は，事務管理業務，管理員業務及び建物・設備（本件各基地局に係る記載はない。）管理業務である。

（ハ）　請求人は，本件管理会社に対し，事務管理業務及び管理員業務の対価として，毎月次の内訳による管理委託費（以下「本件委託費」という。）を支払う。

　　A　管理組合の会計の収入及び支出の調定並びに出納に関する費用

　　B　マンションの維持及び修繕に関する企画並びに実施の調整に関する費用

　　C　管理組合運営支援に関する費用

　　D　管理員業務に関する費用（以下「本件管理員業務費」という。）

（ニ）　請求人は，本件管理会社に対し，建物・設備管理業務について，次のとおり，各業務実施の都度，対価を支払う。

　　A　昇降設備保守業務

　　B　建築設備等定期検査業務

　　C　貯水槽清掃業務

　　D　設備点検業務（以下，当該設備点検業務について請求人が支払う対価を「本件点検費」という。）

　　E　地下タンク漏えい点検業務

（ホ）　上記（ニ）のDの設備点検業務に係る仕様書である「設備点検業務仕様善」によれば，設備点検は，共用設備の機械的，電気的な機能低下及び故障を予防保全することを目的とし，本件管理会社は，共用設備の機械部品等の劣化状況及び作動状況を把握することとなっている。

ヘ　本件各基地局の電力は，本件マンションの電気設備から配電されており，当該電気設備は，本件点検費を対価として行う点検の対象となっている。

ト　請求人は，本件各事業年度において，本件委託契約に基づき，本件管理会社に対し，本件委託費及び本件点検費を支払った。

チ　請求人は，本件各事業年度において，K社との間で，本件マンションの共用部分を対象とする保険契約を締結し，当該保険契約に基づいてK社に保険

料（以下「本件保険料」といい，本件保険料のうち火災保険料を「本件火災
保険料」という。）を支払った。

(4)　審査請求に至る経緯

イ　請求人は，本件各事業年度の法人税について，本件賃貸事業が法人税法上
の収益事業に該当するとして，本件各賃料を益金の額に算入し，当該収益事
業に係る費用を損金の額に算入せずに，別表１の「確定申告」欄のとおり，
いずれも平成28年１月26日に期限後申告をした。また，請求人は，平成24年
10月１日から平成25年９月30日までの課税事業年度（以下「平成25年９月課
税事業年度」という。）及び平成25年10月１日から平成26年９月30日までの
課税事業年度（以下「平成26年９月課税事業年度」といい，平成25年９月課
税事業年度と併せて「本件各課税事業年度」という。）に係る復興特別法人
税について，別表２の「申告」欄のとおり，また，平成26年10月１日から平
成27年９月30日までの課税事業年度（以下「平成27年９月課税事業年度」と
いう。）に係る地方法人税について，別表３の「確定申告」欄のとおり，い
ずれも平成28年１月26日に期限後申告をした。

ロ　原処分庁は，平成28年２月10日付で，別表１の「賦課決定処分」欄のとお
り，上記イの法人税の期限後申告に係る無申告加算税の各賦課決定処分（以
下「本件各賦課決定処分」という。）をした。

ハ　請求人は，本件委託費，本件点検費及び本件火災保険料（以下，これらを
併せて「本件各経費」という。）については，収益事業と収益事業以外の事
業とに共通する費用（以下「共通費用」という。）に該当するとして，本件
各経費の額に，本件賃貸事業の収入の額及び本件賃貸事業以外の収入の額の
合計額のうち，本件賃貸事業の収入の額の占める割合（以下「本件収入割合」
という。）を乗じて算出した金額を収益事業に配賦される費用の額として区
分経理し，当該区分経理した金額（以下「本件区分経理額」という。）が，
本件各事業年度の損金の額に算入されるとして，平成28年11月29日に別表１
ないし別表３の「更正の請求」欄のとおり更正の請求（以下「本件各更正の
請求」という。）をした。

　　なお，請求人が適用した本件収入割合は，本件各事業年度とも７％である。

ニ　原処分庁は，本件各更正の請求のうち，法人税及び復興特別法人税に係る
更正の請求に対して平成29年11月29日付で，また，地方法人税に係る更正の
請求に対して平成30年４月２日付で，それぞれ更正をすべき理由がない旨の
各通知処分（以下「本件各通知処分」といい，更正の請求に対してその更正

をすべき理由がない旨の各通知書を以下「本件各通知書」という。）をした。

本件各通知書には，処分の理由として，要旨，次の記載がある。

(イ)　本件各事業年度の法人税の更正の請求に対する更正をすべき理由がない旨の通知処分について

　　請求人は，本件区分経理額を損金算入すべき金額として算出している。しかしながら，本件各賃貸契約には，請求人が本件各基地局の維持管理及び点検を実施する旨の記載がなく，また，本件各基地局の定期的な見回りは本件各基地局の設置会社が行っており，本件各賃料は本件各経費の有無にかかわらず発生するものであり，本件各経費は，本件各基地局の維持管理等を目的として支出されたものとは認められず，法人税法第22条第３項の規定により，損金の額に算入することはできない。

(ロ)　本件各課税事業年度の復興特別法人税に係る更正の請求に対する更正をすべき理由がない旨の通知処分について

　　平成25年９月期及び平成26年９月期の法人税の額に誤りがあるとは認められないことから，本件各課税事業年度の復興特別法人税の額が過大であるとは認められない。

(ハ)　平成27年９月課税事業年度の地方法人税に係る更正の請求に対する更正をすべき理由がない旨の通知処分について

　　平成27年９月期の法人税の額に誤りがあるとは認められないことから，平成27年９月課税事業年度の地方法人税の額が過大であるとは認められない。

ホ　請求人は，本件各通知処分に不服があるとして，法人税及び復興特別法人税の更正の請求に対する更正をすべき理由がない旨の各通知処分に対して平成30年２月26日に，また，地方法人税の更正の請求に対する更正をすべき理由がない旨の通知処分に対して平成30年４月26日にそれぞれ審査請求をした。

ヘ　そこで，これらの審査請求について併合審理をする。

　　なお，本件各賦課決定処分についてもあわせ審理する。

2　争点

(1)　原処分に係る理由付記に，原処分を取り消すべき記載不備があるか否か（争点１）。

(2)　本件区分経理額は，本件各事業年度の損金の額に算入されるか否か（争点２）。

3　争点についての主張

(1)　争点1（原処分に係る理由付記に，原処分を取り消すべき記載不備があるか否か。）について

請求人	原処分庁
原処分における理由付記には，処分の理由について，本件通達のことが全く記載されておらず，本件通達で定める共通費用としての計上が認められない理由が記載されていないので，適正な理由付記ではない。	原処分における理由付記は，その処分の対象となった事実及び原処分庁の具体的な判断根拠が明示されていることから，不備はない。

(2)　争点2（本件区分経理額は，本件各事業年度の損金の額に算入されるか否か。）について

請求人	原処分庁
イ　本件各経費は，次の(イ)ないし(ハ)の理由から共通費用に該当する。	イ　本件各経費は，収益事業に直接要した費用とは認められず，また，次の(イ)ないし(ハ)の理由から共通費用に該当しない。
(イ)　本件委託費について 　　　本件マンションの管理に関しては，全面的に請求人が本件管理会社に委託しており，収益事業を含めた会計処理や総会支援業務のほか，管理員による電力量計の検針，屋上の清掃，通信設備の外観目視点検等が行われていることから，本件委託費は，本件賃貸事業に係る収入を継続的に得るためにも必要な費用であり，本件通達の(2)の共通費用に該当する。	(イ)　本件委託費について 　　　本件委託費は，仮に本件管理会社が本件マンションの屋上及び塔屋の設備等の外観目視点検等を行っているとしても，当該行為は本件各基地局の設置にかかわらず実施されるものであるから，本件賃貸事業及び本件賃貸事業に付随する行為から生じた費用であるとはいえない。
(ロ)　本件点検費について 　　　本件各基地局は本件マンションの電気設備により電力が供給	(ロ)　本件点検費について 　　　本件点検費は，本件各基地局の設置にかかわらず実施される

されているところ，当該電気設
備は本件点検費に係る保全及び
点検の対象であって，その年2
回の点検業務は，本件委託契約
に基づき，本件管理会社により
実施されているから，本件点検
費は本件通達の(2)の共通費用に
該当する。

(ハ)　本件火災保険料について

本件火災保険料は，本件マン
ションの共用部分の一部である
屋上，塔屋及び管理員室を含め
た本件マンションの共用部分に
対応するものであるから，本件
通達の(2)の共通費用に該当する。

□　以上のとおり，本件各経費は，
共通費用に該当し，本件通達の(2)
を適用して収益事業に配賦される
額を損金の額に算入すべきである。

そして，本件通達の(2)の文理構
成は，各基準を並列的に示してお
り，各基準に優劣はないところ，
請求人は同通達に示す収入金額の
比である本件収入割合によること
を選択したものである。

本件区分経理額は，本件通達の
(2)に掲げられている「収入金額の
比」を基準とし，本件各事業年度
における本件収入割合が7%であ
ることから，本件各経費の額に
7%を乗じて計算した妥当な金額
であり，損金に算入すべきである。

点検作業の対価であると認めら
れることから，本件賃貸事業及
び本件賃貸事業に付随する行為
から生じた費用であるとはいえ
ない。

(ハ)　本件火災保険料について

本件マンションの共用部分を
対象として請求人が負担する本
件火災保険料は，本件各基地局
の設置にかかわらず請求人が負
担することから，請求人が本件
各基地局を原因とする損害が補
償される保険料を負担する理由
は認められない。

□　仮に，本件各経費が共通費用に
該当するとしても，本件収入割合
によるあん分方法は，以下のとお
り本件通達に照らして合理的な方
法ということができないから，本
件区分経理額は，本件各事業年度
の損金の額に算入されない。

| | (イ)　請求人は，本件区分経理額を算出して更正の請求を行っているところ，本件賃貸事業の収入の額が消費税率の変動を除き毎事業年度定額であるにもかかわらず，本件賃貸事業の収入の額の増減以外の理由により，対応する本件区分経理額が変動することは不合理である。 |
| | (ロ)　本件管理会社により本件各基地局の外観目視点検等が実施されているのであれば，本件管理会社における維持管理及び点検作業全体の作業時間のうち，外観目視点検等に係る作業時間等を基礎としたあん分割合により収益事業に配賦される費用の額を算出するなどの方法が合理的である。 |

4　当審判所の判断

(1)　争点1（原処分に係る理由付記に，原処分を取り消すべき記載不備があるか否か。）について

イ　法令解釈

　　行政手続法第8条第1項本文が，申請に対して拒否の処分をする場合は同時にその理由を申請者に示さなければならないとしているのは，行政庁の判断の慎重と合理性を担保してその恣意を抑制するとともに，処分の理由を申請者に知らせて不服申立てに便宜を与える趣旨に出たものと解される。

　　このような理由の提示を求めた趣旨に鑑みれば，更正の請求に対する更正をすべき理由がない旨の通知処分に付すべき理由は，上記の趣旨を充足する程度に具体的な根拠を明らかにするものであることが必要であり，かつ，それで足りると解するのが相当である。

ロ　検討

　　本件各通知処分は，本件各更正の請求に対して，原処分庁がした更正をす

べき理由がない旨の通知処分であるから，行政手続法第8条第1項に規定する「申請により求められた許認可等を拒否する処分」に該当する。

　したがって，原処分庁は，同項の規定に基づき，請求人に対して本件各通知処分の理由を示さなければならない。

　これを本件についてみると，本件各通知書には，上記1の(4)のニの(イ)のとおり，法人税の更正の請求について，賃料収入は本件各経費の有無にかかわらず発生するものであり，また，本件各経費は本件各基地局の維持管理等を目的として支出されたものとは認められず，法人税法第22条第3項の規定により，本件区分経理額を損金の額に算入することはできない旨記載され，これを前提として，同(ロ)及び(ハ)のとおり，復興特別法人税及び地方法人税の更正の請求について，申告額が過大であるとは認められない旨，それぞれ記載されている。

　そうすると，本件各通知書に記載された理由には，国税通則法第23条《更正の請求》第1項に規定する更正の請求ができる場合に該当しないことについて，原処分庁の恣意の抑制と請求人の不服申立ての便宜という趣旨を充足する程度に具体的な根拠を明らかにしているといえるから，行政手続法第8条第1項の趣旨に照らし，法令の要求する理由の提示として欠けるものはないと認められる。

　したがって，原処分に係る理由付記に，原処分を取り消すべき記載不備はない。

ハ　請求人の主張について

　請求人は，原処分における理由付記には，処分の理由について，本件通達で定める共通費用としての計上が認められない理由が記載されていないので，適正な理由付記ではない旨主張する。

　しかしながら，本件各通知書には，本件区分経理額が損金の額に算入されない理由として，本件各通知処分の根拠となった事実及び法令並びに原処分庁の判断根拠が示されており，上記ロのとおり法令の要求する理由の提示として欠けるものはないから，請求人の主張には理由がない。

(2)　争点2（本件区分経理額は，本件各事業年度の損金の額に算入されるか否か。）について

イ　認定事実

　請求人提出資料，原処分関係資料並びに当審判所の調査及び審理の結果によれば，以下の事実が認められる。

㈹　本件委託費は，本件管理会社へ委託された本件マンションの管理に関する業務のうち，次の業務に要する費用である。

　A　事務管理業務

　　事務管理業務は，管理組合の会計の収入及び支出の調定並びに出納などの会計の管理に関する事務であり，具体的には，予算決算対比表（本件各賃料が含まれる。）などの作成のほか，本件各賃料を含めた出納の管理も含まれる。

　B　管理員業務

　　管理員の1日の勤務時間は8時30分から17時まで（12時から13時まで及び15時から15時30分までを除く。）で，休日及び休暇は，日曜日，祝日，国が定める休日及び原則として第一土曜日並びに夏季休暇2日及び年末年始休暇3日である。

　　管理員業務の詳細を定めた管理員規約には，収益事業に関する具体的な業務を定めた記載はないものの，管理員は，管理員業務として①共用部分に係る鍵の管理，②建物，諸設備及び諸施設の外観目視点検並びに③検針報告などの業務を行っており，当該管理員業務には，本件賃貸事業の賃貸部分である屋上及び塔屋（以下「本件賃貸部分」という。）の外観目視点検や収益事業に係る電力量計の検針が含まれる。

　　なお，管理員が行う本件賃貸部分の外観目視点検及び電力量計の検針は，いずれも毎月1回実施され，その結果が本件管理会社に報告されており，また，外観目視点検及び電力量計の検針にそれぞれ要する時間は，1階の管理員室から屋上の本件各基地局及び塔屋の内部を確認した上で往復するのに要する時間20分に書類の整理時間10分を考慮して，それぞれ30分が妥当であることから，1か月当たりの収益事業に係る従事時間は1時間となる。

㈺　本件点検費は，本件管理会社が外部業者へ発注して実施している設備点検の費用であり，本件各基地局に配電するために必要な電気設備が，点検の対象となっている。

㈸　本件保険料に係る保険契約は，本件マンションの共用部分を対象としており，請求人による一括契約方式により締結され，主な内容として，火災保険は火災により共用部分が消失した場合，地震保険は地震又は噴火などを原因とした火災又は損壊による共用部分の損害が生じた場合，その他特約はマンションの共用部分に起因する事故等により損害が生じた場合の損害賠償を保障している。

なお，当該保険契約の締結及び保険料の支払状況は次のとおりである。

A　平成24年1月27日付保険契約

　　請求人は，平成24年1月27日に本件マンションについて保険期間平成24年3月1日から平成25年3月1日までの保険契約を締結し，本件火災保険料227,630円，地震保険料181,420円及びその他特約保険料182,530円の合計591,580円を平成24年3月1日に一括で支払った。

B　平成25年1月10日付保険契約

　　請求人は，平成25年1月10日に本件マンションについて保険期間平成25年3月1日から平成26年3月1日までの保険契約を締結し，本件火災保険料227,630円，地震保険料181,420円及びその他特約保険料182,530円の合計591,580円を平成25年3月1日に一括で支払った。

C　平成25年1月28日付保険契約

　　請求人は，平成25年1月28日に本件マンションについて保険期間平成26年3月1日から平成31年3月1日までの5年間の保険契約を締結し，本件火災保険料924,140円，地震保険料806,600円及びその他特約保険料2,441,470円の合計4,172,210円を平成26年3月1日に一括で支払った。

　　なお，当該保険料4,172,210円のうち，平成26年9月期に係る保険料は，平成26年3月1日から9月30日までの保険期間に係る486,758円，平成27年9月期に係る保険料は，平成26年10月1日から1年間の保険期間に係る834,442円である。

㈡　本件マンションの共用部分の床面積は1,649.38㎡，屋上の面積は712.85㎡であり，本件保険料に係る保険契約の対象となる全体面積は合計2,362.23㎡である。

　　なお，屋上の面積のうち本件賃貸部分の面積は別表4の「合計面積」欄のとおり167.775㎡であり，また，1階の管理員室の床面積は47.35㎡である。

ロ　検討

㈠　本件各経費が共通費用に該当するか否かについて

　　公益法人等は，収益事業を行う場合に限り，当該収益事業から生じた所得についてのみ法人税が課される（法人税法第4条第1項）ところ，公益法人等の当期の益金の額に算入されるのは，収益事業及びその付随行為から生じた収益に限られるのであるから，当期の損金の額に算入される費用も，収益事業及びその付随行為から生じた費用に限られる。

　　そして，本件委託費を対価として本件管理会社が行う本件マンションの管理に関する業務は，上記イの㈠のとおり，本件各賃料を含む事務管理業

務並びに本件賃貸部分の外観目視点検及び収益事業に係る電力量計の検針を含む管理員業務であるから，本件委託費は，共通費用に該当すると認められる。

　次に，本件点検費に係る設備点検は，上記1の(3)のへのとおり，本件各基地局に電力を供給するために必要な電気設備を対象として実施されるものであり，本件賃貸事業に必要な点検であると認められることから，本件点検費は，共通費用に該当すると認められる。

　また，本件保険料は，共用部分を対象とする保険に係るものであり，その対象部分に本件賃貸部分が含まれていることから，本件火災保険料は，共通費用に該当すると認められる。

　以上のとおり，本件各経費は，いずれも共通費用に該当すると認められる。

　さらに，上記イの(ハ)の地震保険料及びその他特約保険料も本件火災保険料と同様の理由から，共通費に該当すると認められる（以下，本件各経費には，当該地震保険料及びその他特約保険料を含むものとする。）。

(ロ)　本件各経費の合理的な配賦について

　共通費用については，常に一律の基準で配賦するのではなく，個々の費用の性質及び内容などに応じた合理的な基準により，それぞれ収益事業と収益事業以外の事業に配賦するのが相当である。

　この場合の費用の区分経理については，本件通達の(1)で，収益事業に直接要したものについてはその収益事業の固有の費用とし，また同(2)で，共通費用については，合理的な基準によりそれぞれの事業に配賦することとして，区分経理の基準を明らかにしており，本件通達の取扱いは，当審判所においても相当であると認められる。

　そして，本件各経費については，次のとおり，A建物全体の維持管理に要する費用で当該維持管理の業務に従事する者の全体の従事時間のうち，本件賃貸事業に関係がある業務に従事した時間に応じて収益事業に配賦するのが合理的と認められる費用，B建物の共用部分の維持管理に要する費用で共用部分の全体面積のうち，収益事業に対応する面積（以下「収益事業対応面積」という。）に応じて収益事業に配賦するのが合理的と認められる費用，C従事者の従事時間や対象物の面積等の基準によって，収益事業と収益事業以外の事業に明確にあん分することができない費用に分類することができるから，以下，これらの分類に応じて収益事業に係る本件各経費の合理的な配賦方法を検討する。

A　本件管理員業務費は，管理員が一定の時間を業務に従事したことに対する対価としての性質を有することからすれば，本件管理員業務費のうち，管理員が本件賃貸事業と関係がある業務に従事した時間に対応する費用の額は，請求人が，収益事業に係る収入を得るために，費用の支出を要したものということができる。

　　したがって，本件管理員業務費については，本件委託契約における管理員の本件各事業年度の全体の従事時間のうち，管理員が本件賃貸部分の外観目視点検及び電力量計の検針に要した時間の占める割合（以下「管理員従事時間あん分割合」という。）により収益事業に配賦する方法が，収益と費用の対応関係をより具体的に明らかにすることができ，合理的であると認められる。

B　本件保険料については，保険金額が建物の面積を基準として算出されることから，保険料も面積を基準としてあん分するのが相当であり，本件保険料に係る保険契約の対象となる共用部分の全体面積のうち，①本件賃貸部分の面積に，②管理員室の面積に管理員従事時間あん分割合を乗じて算出した面積を加えた，収益事業対応面積の占める割合（以下「共用面積あん分割合」という。）により収益事業に配賦する方法が，収益と費用の対応関係をより具体的に明らかにすることができ，合理的であると認められる。

C　本件委託費のうち本件管理員業務費以外の費用及び本件点検費については，上記(イ)のとおり共通費用とは認められるものの，その費用の性質及び内容などに応じて従事者の従事時間や対象物の面積等の基準によって，収益事業と収益事業以外の事業に明確にあん分することができなかった。

　　そして，これらの費用について，請求人は本件収入割合によってあん分しているところ，当該費用は，収入の多寡に応じて変動するものとはいえないものの，本件収入割合によるあん分は，一般的な合理性を有するあん分方法の一つであり，本件において当該費用についてのあん分方法として著しく不合理とまではいえない。

　　したがって，これらの費用については，本件収入割合によるあん分も妥当するものと認められる。

　　上記AないしCの分類に応じて，本件各経費をそれぞれの費用の性質及び内容などに応じて収益事業にあん分する割合は，別表5のとおりとなり，また，本件各経費に当該割合を乗じて本件各事業年度の収益事業に係る費

　　　　用として損金の額に算入すべき金額を算出すると，別表6の「収益事業に
　　　　係る費用の額」の各「合計」欄のとおりとなる。

ハ　原処分庁の主張について

　(イ)　原処分庁は，①本件委託費について，本件管理会社が行う本件マンショ
　　　　ンの屋上及び塔屋の設備等の外観目視点検等は本件管理会社が本件マン
　　　　ションの維持管理のために行っている行為で本件各基地局の設置にかかわ
　　　　らず実施されるものであること，②本件点検費についても，本件各基地局
　　　　の設置にかかわらず実施される点検作業であることから，本件委託費及び
　　　　本件点検費は，本件賃貸事業及び本件賃貸事業に付随する行為から生じた
　　　　費用であるとはいえず，③また，本件火災保険料は，本件各基地局の設置
　　　　にかかわらず本件マンションの共用部分を対象としている保険契約に係る
　　　　保険料であることから，請求人が本件各基地局に係る保険料を負担する理
　　　　由は認められない旨主張する。

　　　　　しかしながら，請求人は，本件PHS会社及び本件携帯電話会社に対して，
　　　　本件各基地局の設置場所を提供するに当たり，当該設置場所を賃貸人の義
　　　　務として維持管理しなければならないのであり，本件委託費及び本件点検
　　　　費は，その維持管理の業務を行う本件管理会社への対価であるから，収益
　　　　事業と収益事業以外の事業の両方について生じた費用であると認められ，
　　　　また，本件保険料は，保険契約の対象に本件賃貸部分が含まれていること
　　　　から，本件建物の共用部分のうち，本件賃貸部分の維持管理にも必要な保
　　　　険に係る費用であると認められる。

　　　　　したがって，原処分庁の主張には理由がない。

　(ロ)　また，原処分庁は，請求人が主張するあん分割合について，本件賃貸事
　　　　業の収入の額が消費税率の変動を除き毎事業年度定額であるにもかかわら
　　　　ず，本件賃貸事業の収入の額の増減以外の理由により，対応する費用の額
　　　　が変動することは不合理であり，本件管理会社により本件各基地局の外観
　　　　目視点検等が実施されているのであれば，本件管理会社における維持管理
　　　　及び点検作業全体の作業時間のうち，外観目視点検等に係る作業時間等を
　　　　基礎としたあん分割合により収益事業に配賦される費用の額を算出するな
　　　　どの方法が合理的である旨主張する。

　　　　　しかしながら，本件委託費のうち本件管理員業務費以外の費用及び本件
　　　　点検費は，上記ロの(ロ)のCのとおり，本件収入割合より合理的な配賦の基
　　　　準を見いだすことができなかった。

　　　　　したがって，原処分庁の主張には理由がない。

ニ　請求人の主張について

　　請求人は，本件区分経理額の算出に当たっては，本件通達の(2)の文理構成が，各基準を並列的に示しており，本件では，本件収入割合によることが妥当である旨主張する。

　　しかしながら，本件区分経理額の算出に当たっては，常に一律の基準で配賦するのではなく，個々の費用の性質及び内容などに応じた合理的な基準により，それぞれ収益事業と収益事業以外の事業に配賦するのが相当である。

　　したがって，上記ロの㈡のとおり，本件管理員業務費については，管理員従事時間あん分割合により，また，本件保険料については，共用面積あん分割合により収益事業に配賦するのが合理的であるから，本件管理員業務費及び本件保険料については，請求人の主張を採用することはできない。

(3)　本件各通知処分の適法性について

　　以上によれば，請求人の本件各事業年度における法人税の所得の金額の計算上，損金の額に算入すべき金額は，別表6の「収益事業に係る費用の額」の各「合計」欄のとおりであることから，法人税の所得金額及び納付すべき税額は，別表7の各「審判所認定額」欄のとおりとなり，これらの金額はいずれも確定申告の金額を下回る。

　　また，請求人の本件各課税事業年度の復興特別法人税の納付すべき税額及び平成27年9月課税事業年度の地方法人税の納付すべき税額は，別表8及び別表9の各「審判所認定額」欄のとおりとなり，これらの金額はいずれも申告及び確定申告の金額を下回る。

　　なお，本件各通知処分のその他の部分については，請求人は争わず，当審判所に提出された証拠資料等によっても，これを不相当とする理由は認められない。

　　したがって，本件各通知処分は別紙1ないし別紙7の「取消額等計算書」のとおり，いずれもその一部を取り消すべきである。

(4)　本件各賦課決定処分の適法性について

　　上記(3)のとおり，本件各通知処分は，その一部を取り消すべきであり，また，期限内申告書の提出がなかったことについて，国税通則法第66条《無申告加算税》第1項ただし書に規定する「正当な理由があると認められる場合」に該当する事情は認められない。

　　以上に基づき，当審判所が認定した無申告加算税の額は，別表7の「無申告

加算税の額」欄のとおりとなり，これらの金額はいずれも本件各賦課決定処分の金額を下回ることとなる。

　したがって，本件各賦課決定処分は，別紙1ないし別紙4の「取消額等計算書」のとおり，いずれもその一部を取り消すべきである。

(5)　結論

　よって，審査請求には理由があるから，原処分の一部を取り消すこととする。

別表1　審査請求に至る経緯（法人税）（省略）

別表2　審査請求に至る経緯（復興特別法人税）（省略）

別表3　審査請求に至る経緯（地方法人税）（省略）

別表4　屋上の面積のうち本件賃貸部分の面積（省略）

別表5　本件各経費を収益事業にあん分する割合（省略）

別表6　本件各事業年度の収益事業に係る費用の内訳（審判所認定額）（省略）

別表7　本件各事業年度の法人税の所得金額等（省略）

別表8　復興特別法人税の納付すべき税額（省略）

別表9　地方法人税の納付すべき税額（省略）

別紙1から別紙7　取消額等計算書（省略）

(4)　減価償却費

　マンション管理組合が減価償却費を計上するケースは少ないが，組合成立後に，マンション管理組合として取得した固定資産を収益事業に使用する場合には，当該固定資産の減価償却費は，収益事業の所得計算上，損金算入が可能である。

　一方，分譲時から存在し，マンション管理組合として取得していない建物及び建物付属設備，構築物，駐車場設備等は区分所有者の共有物であり，マンション管理組合の所有物ではないことから，減価償却費の計上はできない。

(5)　法人税率と実効税率

　マンション管理組合に適用される法人税率は**図表1-2-3**のとおりである（令和3年3月末日現在）。

《図表1-2-3》法人税率

	平成30年4月1日以後開始事業年度
年800万円以下の部分	19%（15%）
年800万円超の部分	23.2%

※表中の括弧書の税率は，平成31年3月31日までの間に開始する事業年度について適用される。

　なお法人税のほか，地方法人税，道府県民税・市町村民税（都民税を含む），事業税，地方法人特別税が課税所得（又は税額）に応じて課されるため，課税所得に対する実効税率（課税所得に対しての税金負担割合）は概ね30％程度であるが，収入額や必要経費により，実効税率は異なる。

　下記前提条件に基づく税負担額は下記のとおりである。

（単位：円）

年間収入	税負担額（上段）及び実効税率（下段）		
	1年目	2年目	3年目
5,000,000	1,214,100	1,148,000	1,153,100
	24%	23%	23%
1,000,000	293,800	282,900	283,400
	29%	28%	28%
200,000	114,600	112,200	112,300
	57%	56%	56%

〈前提条件〉

➢東京23区の管理組合

➢令和1年10月1日時点の税率に基づいて計算

➢収入に対する必要経費（損金）は事業税のみである。

　このように課税所得が少額の場合は，住民税均等割の負担が大きくなるため，実効税率は高くなる。また事業税などの必要経費が税額計算に反映されるタイミングの関係から，1年目の実効税率は高くなる傾向にある。

3 確定申告書の提出と納付

(1) 申告及び納付の期限

　収益事業を行うマンション管理組合は，普通法人と同様に法定申告期限（各事業年度終了の翌日から２ヶ月以内）に，所轄税務署長に対し確定した決算に基づき確定申告書を提出するとともに（法法74①），納付すべき法人税額がある場合には，その税額を法定納期限（各事業年度終了の翌日から２ヶ月以内）までに納付しなければならない（法法77）。

　なお，確定申告書の提出期限は，一定の場合に延長が認められており（法法75の2①），例えば，管理規約で総会の開催期日が事業年度終了後３ヶ月以内となっている等の事由により，事業年度終了後２ヶ月以内に決算が確定しないと認められる場合には，所轄税務署への申請により１ヶ月間申告期限の延長が認められる。

　ただし，納付期限の延長は認められないので，確定申告書の提出期限が延長された場合でも納税は２ヶ月以内に行う必要がある。

(2) 確定申告書の添付書類

　公益法人等又は人格のない社団等の確定申告書に添付する貸借対照表，損益計算書等の書類には，当該公益法人等又は人格のない社団等が行う収益事業以外の事業に係るこれらの書類が含まれる（法基通15-2-14）。

　したがって，マンション管理組合が確定申告をする場合にも，収益事業の貸借対照表及び損益計算書とともに，マンション管理組合全体の決算書を添付する必要がある。

(3)　中間申告

　中間申告は普通法人にのみ義務付けられているため（法法71①），マンション管理組合は，中間申告書の提出及びこれに基づく納付は不要である。

(4)　期限後申告

　収益事業を行うマンション管理組合が，法定申告期限内（原則として事業年度終了後2ヶ月以内）に申告しなかった場合の取扱いは下記のとおりである。

①　無申告加算税

　法定申告期限内に申告しなかった場合の無申告加算税は，その申告に基づいて納付すべき税額に**図表1-3-1**の割合を乗じて計算した金額となる（通則法66）。

《図表1-3-1》無申告加算税

申告の時期	加算税の割合
法定期限の翌日から調査通知前まで	5％
調査通知以後から調査による更生等予知前まで	10％（15％）
調査による更生等予知以降	15％（20％）

（　）書きは50万円を超える部分

　調査通知とは税務署から納税者に対し，①実地の調査を行う旨，②調査の対象となる税目，③調査の対象となる期間の3項目の通知をいう。

　したがって，税務署等から当該調査通知が届く前に自主的に申告した場合の無申告加算税は納税額の5％となる。

　なお，租税の徴収権は，原則として法定納付期限から5年間行使しないことによって時効により消滅するとしている（通則法72①）。

　したがって，申告義務があることを失念していたマンション管理組合が過去に遡って確定申告する場合には，過去5年分についての申告が必要となる。

② 延滞税

　期限後申告の場合には，無申告加算税のほか延滞税が課せられる（通則法60，措法94）。

《図表1-3-2》延滞税

項目	内容	税率
延滞税	納期限の翌日から2ヶ月未満に納付した場合	7.3%と「特例基準割合＋1％」のいずれか低い割合 令和3年1月1日から令和3年12月31日までの期間は年2.5%
	納期限の翌日から2ヶ月を経過して納付した場合	14.6%と「特例基準割合＋7.3%」のいずれか低い割合 令和3年1月1日から令和3年12月31日までの期間は年8.5%

　期限後申告の場合は，法定納期限（当初の納期限）以降，納期限（期限後申告書の提出日）の翌日から2月を経過する日までは，7.3%と特例基準割合＋1％のいずれか低い割合，納期限の翌日から2月を経過した日以降は14.6%と特例基準割合＋7.3%のいずれか低い割合となる。

4 各種届出

(1)　収益事業開始届出書

　マンション管理組合が収益事業を開始した場合，開始した日以後2ヶ月以内に次の書類を所轄税務署に提出しなければならない（法法150①，法規65①）。

> ● 納税地，事業の目的，収益事業の種類，収益事業を開始した日を記載した届出書
> ● 開始した時における収益事業に係る貸借対照表
> ● 管理規約
> ● 代表者（理事長）が確認できる書類（組合総会又は理事会議事録等）

　なお，法人設立届を提出してない場合には，収益事業開始届と同時に提出することになる。

(2)　申告期限の延長の特例申請書

　管理規約で総会の開催期日が事業年度終了後3ヶ月以内となっている等の事由で事業年度終了後2ヶ月以内に決算が確定しない場合には，申告期限の延長の特例申請書を提出する必要がある（法法75の2）。

　「申告期限の延長の特例申請書」の提出期日は，最初に適用を受けようとする事業年度終了の日までとなる。

(3)　青色申告の承認申請書

　収益事業を開始したマンション管理組合が，その開始後最初に終了する事業年度から青色申告書を提出しようとする場合には，「新たに収益

事業を開始した日以後3ヶ月を経過した日」と「収益事業を開始した事業年度終了事業年度終了の日」とのいずれか早い日の前日までに，「青色申告の承認申請書」を所轄税務署長に提出する必要がある（法法122②二）。

収益事業を開始した事業年度後の事業年度から青色申告の承認を浮けようとする場合には，その承認を受けようとする事業年度開始の日の前日までに承認申請書を提出しなければならない（法法122①）。

(4)　電子申告・納税等開始（変更等）届出書

収益事業の申告を電子申告で行う場合には，申告，申請・届出及び納税等を行おうとする前までに，電子申告・納税等開始（変更等）届出書を所轄税務署長に提出する必要がある（通則法34①，情報令4）。

申告初年度から電子申告を行う場合は，収益事業開始届と同時に提出することになる。

(5)　異動届出書

代表者（理事長）が変更になった場合は，速やかに異動届出書を所轄税務署長に提出する必要がある。

なお，提出の際は，理事長選任が確認できる書類（組合総会又は理事会議事録，管理組合法人の場合は登記事項証明書）の添付が必要となる。

(6)　収益事業廃止届出書

収益事業の申告を行うマンション管理組合が，すべての収益事業を廃止した場合，速やかに事業廃止届出書を所轄税務署に提出する必要がある。

5 収益事業に関連するその他の税金

(1) 概　要

　マンション管理組合が収益事業を行う場合には，法人税のほか，地方法人税，道府県民税・市町村民税，事業税・特別法人事業税の申告・納付が必要となる。

　そのほか，一定の要件を満たす場合には，消費税及び地方消費税，償却資産税，事業所税の申告・納税が必要となる場合がある。

《図表1-5-1》収益事業に関する法人税以外の税金

税目	内容
地方法人税	法人税額に応じて課税される。
道府県民税・市町村民税（都民税を含む）	均等割は公共法人，公益法人等と同様に一定定額課税，法人税割は法人税額に応じて課税される。
事業税・特別法人事業税	事業税は所得に応じて課税，特別法人事業税は事業税額に応じて課税される。
消費税・地方消費税	基準期間（前々事業年度）の課税売上高が1,000万円超の場合等に課税事業者となる。
固定資産税（償却資産税）	事業の用に供する償却資産がある場合に申告が必要となる。
事業所税	一定以上の事業規模（床面積，従業員数）の場合に課税される。

(2) 地方法人税

　法人税の納税義務のあるマンション管理組合は，地方法人税が課される（地法人4）。

①　課税標準と標準税率

地方法人税の課税標準は各事業年度の課税標準法人税額とされている（地法人9）。

地方法人税の額は，課税標準法人税額に下記の税率を乗じた額となる（令和3年7月末現在）。

《図表1-5-2》地方法人税の標準税率

課税事業年度	地方法人税率
令和元年10月1日前に開始した課税事業年度	4.4%
令和元年10月1日以後に開始する課税事業年度	10.3%

②　確定申告

地方法人税確定申告書の提出期日は，各課税事業年度終了の日の翌日から2ヶ月以内である（地法人19①）。

なお，法人税申告書別表一（一）の一部が地方法人税申告書となっており，法人税申告と地方法人税の申告は同時に行うことになる。

(3)　道府県民税・市町村民税（都民税を含む）

収益事業を行うマンション管理組合は，所得金額にかかわらず定額で課税される均等割と，収益事業に課税された法人税を課税標準とする法人税割とが課税される（地方税1②，24⑤⑥，294⑦⑧，734②二，737）。

東京都及びその特別区では，これを都民税として同様に課税している。

①　均等割

収益事業を行わない管理組合には，均等割の納税義務はなく，収益事業を行っている場合のみ納税義務が生じる。

一方，管理組合法人は収益事業を行っていなくても原則として納税義務が生じる（地方税24③，294③）。

収益事業を行っていない管理組合法人の均等割については，自治体により以下のように取扱いが異なっている。

- ●免除申請を行うことで納税義務が免除となる自治体
- ●免除申請を行わない場合でも納税義務が免除となる自治体
- ●納税義務が免除にならない自治体

均等割の標準税率は**図表1-5-3**のとおりである（令和3年7月末現在）。

《図表1-5-3》均等割の標準税率

	道府県民税	市町村民税
標準税率	20,000円	50,000円

②　法人税割

法人割の課税標準と標準税率は**図表1-5-4**のとおりである。

《図表1-5-4》法人税割の標準税率

課税事業年度	道府県民税	市町村民税	都民税
令和元年10月1日前に開始した課税事業年度	3.2%	9.7%	12.9%
令和元年10月1日以後に開始する課税事業年度	1.0%	6.0%	7.0%

(4)　事業税

収益事業を行うマンション管理組合は，その収益事業に係る所得に対して事業税が課税される（地方税72の2①）。

事業税の課税標準と標準税率は，**図表1-5-5**のとおりである。

《図表1-5-5》事業税の標準税率

課税事業年度	年400万以下	年400万超 800万以下	年800万超
令和元年10月1日前に開始した課税事業年度	3.4%	5.1%	6.7%
令和元年10月1日以後に開始する課税事業年度	3.5%	5.3%	7.0%

(5) 特別法人事業税

　収益事業を行うマンション管理組合は，法人事業税額に対して特別法人事業税が課税される。

　令和元年度税制改正により，令和元年10月1日以後に開始する事業年度から法人の事業税の税率が引き下げられたことに伴い，特別法人事業税が創設された。なお，地方法人特別税は，令和元年9月30日までに開始する事業年度をもって廃止された。

《図表1-5-6》地方法人特別税と特別法人事業税の標準税率

課税事業年度	地方法人特別税	特別法人事業税
令和元年10月1日前に開始した課税事業年度	43.2%	－
令和元年10月1日以後に開始する課税事業年度	廃止	37.0%

(6) 消費税及び地方消費税

① 課税事業者

　基準期間（前々事業年度）の課税売上高又は特定期間（前事業年度の上半期）の課税売上高等が1,000万円を超える場合には課税事業者に該当し，消費税及び地方消費税の納税義務が生じる（消法2④⑦，3，5①，9，9の2，地方税72の78等）。

② 課税取引

　マンション管理組合が課税事業者に該当する場合においても，その居住者である区分所有者から収受する管理費や修繕積立金等は営業には該当せずに不課税となる。

国税庁質疑応答事例　マンション管理組合の課税関係

マンション管理組合の課税関係

国税庁

【照会要旨】

　マンション管理組合の課税関係はどうなるのでしょうか。

【回答要旨】

　マンション管理組合は，その居住者である区分所有者を構成員とする組合であり，その組合員との間で行う取引は営業に該当しません。

　したがって，マンション管理組合が収受する金銭に対する消費税の課税関係は次のとおりとなります。

イ　駐車場の貸付け………組合員である区分所有者に対する貸付けに係るものは不課税となりますが，組合員以外の者に対する貸付けに係るものは消費税の課税対象となります。

ロ　管理費等の収受………不課税となります。

【関係法令通達】

　消費税法第2条第1項第8号

③ 免税事業者

　基準期間（前々事業年度）の課税売上高が1,000万円以下である場合は，その消費税額が免除されている（消法9）。

　なお，基準期間における課税売上高が1,000万円以下の場合でも，特定期間（前事業年度の上半期）の課税売上高が1,000万円を超える場合などは，免税事業者とならない（消法9の2）。

④　中間申告

法人税と異なり，マンション管理組合も前事業年度の確定税額が60万9,500円超（地方消費税額込み）の場合には中間申告が必要になる（消法42）。

⑤　申告・納付期限

消費税の申告期限及び納付期限は，いずれも事業年度終了の日から2ヶ月以内であり，法人税と異なり申告期限の延長制度はない。

コラム　インボイス制度が管理組合に与える影響

　2023年10月1日から，複数税率に対応した消費税の仕入税額控除の方式として適格請求書等保存方式（いわゆるインボイス制度）が導入される。
　このインボイス制度では，税務署長に申請して登録を受けた消費税の課税事業者である「適格請求書発行事業者」が交付する「適格請求書」（いわゆるインボイス）等の保存が仕入税額控除の要件となる。

　例えば，発注事業者が仕入金額100万円，消費税額10万円の取引をする場合，現状では，支払先が消費税の免税事業者であっても，課税事業者であっても，支払った消費税額10万円について仕入税額控除として自身の消費税の納税額を減額できるが，インボイス制度導入後は，支払先が「適格請求書発行事業者」でない場合には仕入税額控除ができず，10万円の消費税負担増となってしまう（ただし経過措置あり）。
　このため，発注を受ける事業者は，現在，免税事業者であっても取引維持のためにあえて課税事業者を選択し「適格請求書発行事業者」となるケースも生じると思われる。

　この点，管理組合は収益事業を行っていたとしても，大半は消費税の免税事業者であるため，インボイス制度の導入後は，管理組合に携帯基地局使用料や駐車場使用料等を支払っている事業者は消費税負担額が増加することになる。
　管理組合が「適格請求書発行事業者」でないことにより取引価格の値下げ要請を受けるか否かは不明であるが，今後の契約更新時には取引価格に留意が必要であろう。

(7)　固定資産税（償却資産税）

　収益事業を営む管理組合は，その事業の用に供する償却資産（減価償却費を必要経費に算入しているもの）がある場合には，毎年1月1日現在所有している償却資産の内容（取得年月，取得価額，耐用年数等）について申告する必要がある。

　固定資産税（償却資産税）の対象となる資産は，マンション管理組合成立後に組合として取得した収益事業用の資産が対象であるため，償却資産の申告が必要となるマンション管理組合は限定的である。

| コラム |　カーシェアリング等の収益事業と区分所有者の固定資産税・都市計画税 |

> 　管理組合が駐車場の一部をカーシェアリング事業者やサブリース事業者等に賃貸することで収入を得るケースが増えているが，このような収益事業を導入した管理組合に対し，市区町村から土地の利用状況に関する問い合わせも増えているようである。
>
> 　マンションのような住宅の敷地は「住宅用地」として固定資産税・都市計画税の軽減措置が設けられているが，収益事業に利用されている部分は「非住宅用地」となり，原則として軽減措置が適用されない。
>
> 　したがって，市区町村が敷地の一部（カーシェアリング等に供している部分）を「非住宅用地」と判断した場合には，区分所有者の固定資産税・都市計画税が増額となる可能性がある。
>
> 　ただし，あくまで「非住宅用地」部分のみの影響であるため，固定資産税・都市計画税の増額は軽微であることが多く，数台のカーシェアリング等であれば，固定資産税・都市計画税の税額増加を過度に懸念する必要はないであろう。

(8)　事業所税

　事業所税は，事業所税が課税される都市等において，一定規模以上の事業を行っている法人又は個人の行う事業に対して課される税金であり，事業所等の床面積を対象とする資産割と従業者の給与総額を対象とする

従業者割とがある。

《図表1-5-7》事業所税（東京都23区）

区分	内容
資 産 割	事業所等の床面積の合計が1,000平方メートル（免税点）を超える規模で事業を行う法人又は個人
従業者割	事業所等の従業者数の合計が100人（免税点）を超える規模で事業を行う法人又は個人

　収益事業を行うマンション管理組合は事業所税の納税義務者となり得るが，収益事業に使用する床面積等が上記の規模であるため，事業所税の申告が必要となるマンション管理組合は限定的である。

6 収益事業以外の諸税金

(1) 源泉所得税

① 概　要

源泉所得税制度とは，給与や報酬などを支払う者が，その支払う金額から所得税を徴収し，国に納付する制度である。

マンション管理組合が理事等へ報酬を支払う場合，所得税の源泉徴収義務者となり，預かった源泉所得税を税務署に納付する必要がある。

② 対象所得

マンション管理組合において源泉徴収の対象となる給与や報酬の代表例は**図表1-6-1**のとおりである。

《図表1-6-1》源泉所得税（対象所得）

区分	内容
給与所得	理事等の役員に対する報酬 管理組合で直接雇用している管理員給与
報　酬	個人の弁護士，司法書士，税理士等に対する報酬 （マンション管理士への報酬は源泉徴収の対象外）

なお，理事等に対する支払が，通信費，印刷費，交通費等の理事会活動に係る実費の精算である場合には給与所得に該当しない。

③ 源泉徴収額

上記の所得に対する支払いをする場合，その支払いの都度，**図表1-6-2**の額の所得税を源泉徴収する必要がある（平成30年3月末現在）。

《図表1-6-2》源泉所得税（徴収額）

区分	源泉徴収額
給与所得	給与所得の源泉徴収税額表（乙欄）に基づく金額
報　酬	1回に支払われる額が100万円以下の場合 　→支払金額×10.21% 1回に支払われる額が100万円超の場合 　→（支払金額－100万円）×20.42%＋102,100円 なお司法書士，土地家屋調査士及び海事代理士に報酬を支払うときは，同一人に対し，1回に支払われる金額から1万円を差し引いた残額に10.21%の税率を乗じて算出する。

④　納付手続

原則として徴収した月の翌月10日までに納付する必要がある。

⑤　源泉所得税の納期の特例の承認に関する申請

給与等の支払人員が常時10名未満であるときは，「源泉所得税の納期の特例に関する申請書」を所轄税務署に提出することにより，年2回にまとめて源泉所得税を納付することができる。提出期限に定めはない。

具体的には1月から6月分を7月10日まで，7月から12月分を翌年の1月20日までに納付することになる。

⑥　給与支払事務所等の開設届出書

給与や報酬を支払う管理組合は，「給与支払事務所等の開設届出書」を所轄税務署に提出しなければならない。

(2)　固定資産税及び都市計画税

①　概　要

マンション管理組合成立後に課税標準額を超える土地・建物を取得した場合には，収益事業を行っているか否かにかかわらず固定資産税等の納税義務が生じる。

② 免税点

課税標準額がそれぞれ土地30万円未満，家屋20万円未満，事業用償却資産150万円未満の場合は課税されない。

(3) 登録免許税

管理組合法人は法人登記を行う必要があるが，登録免許税は課税されない。

不動産登記においては，普通法人と同様に課税される。

(4) 印紙税

① 請負契約書

マンション管理組合が締結する工事請負契約に関する契約書は，印紙税法別表第1の第2号文書（請負に関する契約書）として普通法人同様に印紙税が課される。

なお，マンション管理組合と管理会社との管理委託契約は，請負契約と委任契約が混在している場合が多いが，請負契約に関する部分は課税，委任契約に係る部分は非課税となる。

② 領収書

管理組合が発行する領収書のうち，収益事業に関する領収書は印紙税法別表第1の第17号文書（売上代金に関する受取書）に該当するため，印紙税が課せられる。

7 管理組合の法人化と税務上の取扱い

　管理組合から法人化した管理組合法人は，新規設立法人と同様の取扱いとなる。

　したがって，税務上は，管理組合と管理組合法人の連続性はなく，収益事業を行っている管理組合が期中で法人化した場合には，期首から法人設立までの会計期間と法人設立から決算期末までの会計期間でそれぞれ決算を行い，申告手続を行う必要がある。

コラム **管理組合の法人化と留意事項**

　昨今，管理組合が法人化される事例が散見されるが，その理由の多くは管理組合として不動産を取得するためである。

　管理組合が不動産を取得する事例としては，隣地を駐車場用地として取得する場合や，管理費等を滞納している区分所有者の持分を取得する場合などである。

　通常の管理組合は法人格を有しないため，直接不動産の所有者として登記することができず，理事長名義又は区分所有者全員の共有名義で登記するしかない。

　このため管理組合名義で登記するために管理組合を法人化したうえで不動産を取得することが行われているが，法人化によるデメリットも留意する必要がある。

　通常の管理組合では収益事業を行わない限り課税されないが，管理組合法人は収益事業の有無にかかわらず均等割が課税される（ただし減免措置のある自治体が多い）。

　また，代表者は登記事項であるため，原則として理事長の変更の都度，登記をしなければならない。

　したがって，管理組合が不動産を取得する予定がない場合には，あえて法人化する必要はないであろう。

8 管理組合の税務Q&A

(1) 収益事業の判定

Q1 コインパーキングの賃貸収入

> マンション敷地内に時間貸しのコインパーキングを設置し，駐車場運営会社から賃貸収入を受領することになった。当該賃貸収入は，収益事業に該当するか。

A

駐車場運営会社から受領する賃貸収入は，収益事業に該当する。

マンション管理組合が不動産を外部者に貸し付け，継続して対価を受領することになるため，不動産貸付業として収益事業に該当する。

なお，当該コインパーキング自体は利用者が一時的に使用するものであるが，これをもって継続性がないことにはならない。

《図表1-8-1》コインパーキング

Q2 居住者限定のカーシェアリング

> マンション敷地内のスペースを利用して居住者限定のカーシェアリングを行うために，カーシェアリング事業会社から賃貸収入を受領することになった。当該賃貸収入は収益事業に該当するか。

A

カーシェアリング事業会社から受領する賃貸収入は，収益事業に該当する。

マンション管理組合が不動産を外部者に貸し付け，継続して対価を受領することになるため，不動産貸付業として収益事業に該当する。

このため利用者が居住者に限定されているか否かは，収益事業の判定には影響しない。

《図表1-8-2》居住者限定のカーシェアリング

Q3 外部貸し駐車場のフリーレント期間

駐車場会社にマンション敷地内の駐車場の一部をサブリースする契約を締結した。当該契約にはフリーレント期間が定められており，契約日から3ヶ月間は駐車場会社からの入金がない。

フリーレント期間中に決算月が到来した場合，未入金でも申告が必要か。

A

フリーレント期間を含む契約開始日が収益事業開始日となるため，入金の有無にかかわらず申告が必要となるが，収益の計上のタイミングは契約内容に応じて異なる。

フリーレント期間が設定されているサブリース契約は，契約締結日が収益事業開始日となる。

なお，法人税法上，賃貸借契約による賃料収入の計上時期については「当該契約又は慣習によりその支払を受けるべき日の属する事業年度の益金の額に算入する」とされているため（法基通2-1-29），フリーレント期間について収益を認識せず，実際に支払いを受けた日に収益を認識することとなる。

一方，中途解約不能な契約については，契約締結時点において，賃貸借期間にわたる賃料総額について支払いを受けるべき権利が確定しているため，入金時期にかかわらず，フリーレント期間を含む契約期間における賃料総額を契約期間で按分する必要がある。

実務上は，フリーレントは賃料の免除とし中途解約時に一定金額を違約金として支払うこととする契約が多く，このような契約の場合には，入金時より収益計上すれば良いと思料される。

Q4　来客用駐車場の利用料

> 外部者が支払う来客用駐車場の利用料は，収益事業に該当するか。

A

　来客用駐車場の利用者を区分所有者（及びその来客）に限定している場合には収益事業に該当しないが，来客以外の外部者も利用できるように継続的に運営されている場合には収益事業に該当する。

　来客用駐車場の利用料は，来客者が負担するケースが多いと思われるが，区分所有者の来客者であるかぎり，実質的には当該来客用駐車場の利用者は区分所有者であると考えられるため，区分所有者による共用部の割増利用となり，収益事業には該当しないと思料される。

　ただし，来客用駐車場利用料の徴収は原則として34事業の駐車場業に該当するため，来客以外の外部者が利用できるように継続的に運営されている場合には収益事業に該当する。

　なお，この場合，区分所有者（及びその来客）の優先的な利用条件がない場合には，区分所有者（及びその来客）利用分も含めてすべて収益事業に該当することになる。

Q5　ゲストルームの利用料

> 外部者が支払うゲストルーム利用料は，収益事業に該当するか。

A

　ゲストルームの利用者を区分所有者（及びその来客）に限定している場合には収益事業に該当しないが，来客以外の外部者が利用できるように継続的に運営されている場合には収益事業に該当する。

　ゲストルームの利用者が区分所有者の来客であるかぎり，実質的には当該ゲストルームの利用者は区分所有者であることから，区分所有者による共用部の割増利用となり，収益事業には該当しないと思料される。

　ただし，ゲストルーム利用料の徴収は原則として34事業の旅館業に該当するため，来客以外の外部者が利用できるように継続的に運営されている場合には収益事業に該当する。

　なお，この場合，区分所有者（及びその来客）の優先的な利用条件がない場合には，区分所有者（及びその来客）の利用分も含めてすべて収益事業に該当することになる。

Q6　集会室・会議室の利用料

> 外部者が支払う集会室・会議室の利用料は，収益事業に該当するか。

A

外部者が利用できるように継続的に運営されている場合には収益事業に該当するが，集会室・会議室の利用者を区分所有者に限定している場合で，外部者からの申し出により，区分所有者の妨げにならない範囲内で，ごく短期間の利用である場合には収益事業に該当しない。

集会室・会議室の利用者を区分所有者に限定している場合で，外部者からの申し出により，区分所有者の妨げにならない範囲内で，ごく短期間の利用である場合には，外部使用を独立した事業とすべき事情があるとは言えず，共済的事業の付随事業となり，収益事業には該当しない。

ただし，集会室・会議室の利用料の徴収は原則として34事業の席貸業に該当するため，外部者が利用できるように継続的に運営されている場合には収益事業に該当する。

なお，この場合，区分所有者の優先的な利用条件がない場合には，区分所有者の利用分も含めてすべて収益事業に該当することになる。

Q7 マンション施設内の自動販売機

マンション施設内に自動販売機を設置し，設置収入を自動販売機設置業者から受領することになった。自動販売機は居住者しか利用できないが，当該設置収入は収益事業に該当するか。

A

自動販売機設置業者から受領する設置収入は収益事業に該当する。

マンション管理組合が不動産を外部者に貸し付け，継続して対価を受領することになるため，不動産貸付業として収益事業に該当する。

なお，自動販売機設置収入は，外部業者が自動販売機の設置対価として支払うものであり，居住者が支払う飲料購入代金とは異なる。

したがって，自動販売機の設置場所，購入者は収益事業の判定には影響しない。

《図表1-8-3》自動販売機設置収入

Q8　電気代の実費相当額の受領

インターネット設備の設置に伴い，当該設備が使用する電気代相当額を受領することとなった。当該電気代相当額は，収益事業に該当するか。

A

受領する電気代相当額が，実費相当額であると合理的に判別できるかぎり収益事業には該当しない。

　電気代の実費であれば立替金であるため，収益事業とはならない。

　なお，インターネット設備が使用する電気代を直接測定できない場合には概算額で精算されることがあるが，概算額であったとしても，金額が合理的に算定されている場合には，電気代の概算額であっても実費の受領と同様に取り扱うことができると思料される。

　ただし，明らかに実費を上回るような場合には，超過分は実質的には不動産貸付の対価として課税される可能性がある。

Q9　資源回収奨励金

自治体から受領する資源回収奨励金は，収益事業に該当するか。

A

自治体から受領する資源回収奨励金は，資源ごみの売却対価ではなく，資源ごみの処分に対する助成金としての性質を有するものであり，34事業のいずれにも該当しないため，収益事業に該当しない。

Q10　公式ホームページのバナー広告収入

> マンション管理組合の公式ホームページに掲載しているバナー広告の広告収入は収益事業に該当するか。

A

バナー広告収入は34事業のいずれにも該当しないため，収益事業に該当しない。

Q11　施工会社から受け取る補償金

> 施工会社の施工ミスによる補償金収入は，収益事業に該当するか。

A

施工会社の施工ミスによる補償金収入は，34事業のいずれにも該当しないため，収益事業に該当しない。

Q12　収入が僅少な場合

> 収入が非常に僅少な場合でも，収益事業として申告する必要があるか。

A

収益事業の要件を満たす場合には，金額の多寡にかかわらず申告・納税する必要があるが，事業としての経済合理性がないのであれば収益事業に該当しないと思料される。

　すなわち，収益事業に該当するか否かについて，収入金額の多寡による判断はできないが，収入が非常に僅少で，常に必要経費が収入を上回ることしか想定できないような取引であれば，そもそも継続して収益を獲得するために行われるものではないため，事業としての経済的合理性がなく，社会通念上の収益事業に該当しないと思料される。

(2)　必要経費の範囲

Q13　機械式駐車場の減価償却費

> 　マンション分譲時から存在する機械式駐車場を一部外部貸しする場合，当該機械式駐車場の減価償却費を必要経費とすることはできるか。

A

　マンション分譲時から存在する機械式駐車場の減価償却費を必要経費とすることはできない。

　管理組合成立後に，管理組合が機械式駐車場を取得し，それを外部貸しする場合は，当該減価償却費を必要経費とすることができるが，分譲時から存在する機械式駐車場は区分所有者が所有する建物の一部であるため当該減価償却費を収益事業の必要経費にすることはできない。

Q14　機械式駐車場のメンテナンス費用

機械式駐車場の一部外部貸しを行っている場合，区分所有者使用分と共通的に発生するメンテナンス費用（保守点検費，清掃費）を必要経費とするにはどのように按分すれば良いか。

A

使用台数又は使用面積等の合理的な基準で継続的に按分計算すれば良い。

収益事業と収益事業以外の事業とに共通する費用又は損失の額は，継続的に，資産の使用割合，従業員の従事割合，資産の帳簿価額の比，収入金額の比その他当該費用又は損失の性質に応ずる合理的な基準により収益事業と収益事業以外の事業とに配賦し，これに基づいて経理することとされている（法基通15−2−5(2)）。

機械式駐車場の維持メンテナンス費用の場合の「合理的な基準」は，使用台数や使用面積であると思料される。

(3)　その他手続等

Q15　管理会社による税務申告書類作成

管理会社にマンション管理組合の税務申告書の作成を依頼することはできるか。

A

管理会社にマンション管理組合の税務申告書の作成を依頼することはできない。

　税理士又は税理士法人でないものは，税務代理，税務書類の作成，税務相談の税理士業務を行ってはならないため（税理士法2条，52条），管理会社に税務申告書類の作成を依頼することはできない。

　なお，管理者管理方式で，管理会社が管理者である場合には，自ら税務申告書を作成することは問題ない。

Q16　専門家への報酬支払時の源泉所得税納付

> 　弁護士（個人事務所）からの請求書に基づき，源泉所得税控除後の請求額を支払ったが，源泉所得税はどうすればよいか。

A

原則として翌月10日までに源泉所得税を納付する必要がある。

　個人事務所の弁護士，司法書士，税理士等の請求書の請求額は，通常，源泉所得税控除後の金額となっている。

《図表1-8-4》弁護士（個人事務所）への報酬額と請求額

報酬額	100,000円
消費税等（10%）	10,000円
小計	110,000円
源泉所得税（10.21%）	10,210円
請求額	99,790円

　請求額どおりに支払い，支払額をそのまま支出とする会計処理のみを行った場合，源泉所得税（上記例の場合は，10,210円）は管理組合が徴収して預かっていることになるため，翌月10日までに税務署に納付しなければならない。

Q17　税務申告スケジュール

> 収益事業を行っている3月決算のマンション管理組合が税務申告を行う場合の納税及び申告のスケジュールはどうなるか。

A

事業年度終了後，2ヶ月以内に確定申告書を提出し，納付する必要があるため，5月末までに納税・申告を行う必要がある（申告期限の延長の承認を受けている場合は，5月末までに納税，6月末までに申告を行う必要がある）。

3月決算の管理組合の一般的な申告・納税のスケジュールは次頁の図表1-8-5のとおりである。

《図表1-8-5》申告・納税スケジュール

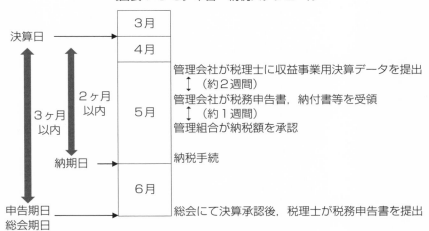

【前提条件】
３月決算。
総会期日は決算日後，３ヶ月以内と規約で定められている。
申告期限の延長の承認を受けている。
委託管理方式であり，税務申告は税理士に依頼している。

第2章

マンション管理組合 の 会計

1 マンション管理の諸法令

2 管理組合会計の総論

3 管理組合の会計基準

4 管理組合の帳簿体系

5 管理組合の勘定科目

6 管理組合の会計Q&A

1 マンション管理の諸法令

(1) 概　要

　マンション管理組合における税務については各種税法の定めに従うところになるが，会計や監査については，基本的な事項だけが法律で規定され，残りはすべて管理組合の自主的なルールに従うことになっている。

　マンションはその規模や用途，入居者の特性などによって，その種類が様々であり，マンション管理組合も私的な自治組織であるため，マンション管理のルールを一律に法律で決めて，これを管理組合に強制することは適切ではない。

　そこでマンション管理を規制する諸法令としては，区分所有法で基本的な法律関係だけを定め，残りの具体的な管理ルールについては管理組合がそれぞれの実態に応じて自主的に管理規約として定めるという枠組みが採用されている。この際，管理規約を作成するにあたって参考とするモデルがマンション標準管理規約である。標準管理規約には会計や監

《図表2-1-1》マンション管理の諸法令

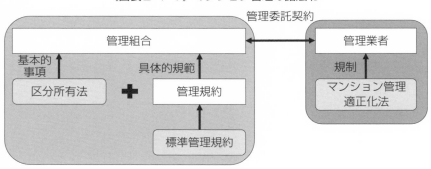

査に関する定めもあるため，以後本書において管理組合における会計や監査の標準的なルールに言及するにあたっては，原則として標準管理規約における規定を参照することとする。

　また，わが国のマンション管理においては，委託管理が大多数となっており，管理業務を受託しているマンション管理会社を規制しているのがマンション管理適正化法である。

(2)　区分所有法

　一戸建ての住居と異なりマンションの場合，区分所有者が単独で所有権を有する専有部分と，他の区分所有者と共有する共用部分，敷地及び附属施設が混在している。そこで各部分の所有関係を定めるとともに，建物や敷地を共同で管理するための組織や運営方法等について定めたのが区分所有法（「建物の区分所有等に関する法律」）である。

　区分所有法では，「区分所有者は，全員で，建物並びにその敷地及び附属施設の管理を行うための団体を構成」するとして（同法３条前段），マンションの管理を行うための団体としてマンション管理組合が当然に構成される旨を定めている。また管理組合は区分所有者数の多少にかかわらず法人となることができる（同法47条１項）。

　さらに「建物又はその敷地若しくは附属施設の管理又は使用に関する区分所有者相互間の事項は，この法律に定めるもののほか，規約で定めることができる」とし（同法30条），マンションの管理が区分所有法を基本に，具体的には管理規約に則って行われる旨を定めている。

(3)　マンション標準管理規約

　マンションの管理において，区分所有法に定められていない事項については，すべて管理規約に従って行われることになる。つまり管理規約とは，私的自治組織である管理組合のルール・ブックであり，管理を行

う上での種々の決めごとを具体的に定めたものである。したがって，も
し管理の過程で発生する諸問題に対して，管理規約に具体的な定めがな
かったり，お互いの規定の間で整合性が取れていなかったりすると，当
該諸問題に対応できず管理が行き詰まり，果ては住民間のトラブルにま
で発展するケースも起こり得る。そこで「管理組合が，各マンションの
実態に応じて，管理規約を制定，変更する際の参考」となるべく国土交
通省が公表しているのが標準管理規約である（マンション標準管理規約
（単棟型）コメント全般関係①）。

　委託管理が大多数のわが国においては，管理会社が管理規約の原案を
作成するのが通常であり，現在では多くの管理会社が標準管理規約に準
拠して管理規約を作成，変更しているものと思料される。

⑷　マンション管理適正化法

　区分所有法及び標準管理規約が区分所有者側のルールを定めているの
に対して，マンション管理適正化法（「マンションの管理の適正化の推進
に関する法律」）はマンション管理会社やマンション管理士といった管理
組合の外部から管理をサポートする者に対するルールを主に定めている。

　従来よりわが国におけるマンション管理は委託管理が大多数であり，
管理業務を受託する管理会社に対する規制は，管理の適正化を図るうえ
で重要である。そこで，管理会社を登録制にして種々の業務規制を課す
ほか，国土交通大臣に監督権限を認めるとともに，マンション管理士制
度についても整備することにより，特に外部者による管理の適正化を図
ることを目的として制定されたのが適正化法である。

　なお同法3条に基づき，管理の適正化を図るうえで管理組合が留意す
べき事項等を定めたガイドラインとして国土交通大臣が公表しているの
が「マンションの管理の適正化に関する指針」である。

2 管理組合会計の総論

(1) 現　状

　マンション管理組合の会計とは，管理組合の収支及び財産の状況を適正に把握し，かつ報告することにより管理組合の活動状況を明らかにすることを目的としている。

　一般事業会社と異なり管理組合の活動は，比較的単純かつ定型的であるため，会計の問題が議論の対象となるケースは限定的である。

　その一方で，これまで管理組合には会計基準と呼べるべきものが明確に存在せず，会計は管理組合自身の，あるいは会計業務を受託しているマンション管理会社の実務慣行に委ねられてきた。このため組合員に限らず会計に携わる者の中に，指針となるべき会計基準の策定を要望する声は少なからず存在する。また，昨今のマンションの大規模化・多様化に伴い，管理組合会計の重要性も高まってきている。

(2) 管理組合会計に関する規定

　管理組合の会計について公に定められたものとしては，以下の2つがあるのみである。

適正化指針
二　マンションの管理の適正化の推進のために管理組合が留意すべき基本的事項

　4　管理組合の経理

　管理組合がその機能を発揮するためには，その経済的基盤が確立されていることが重要である。このため，管理費及び修繕積立金等について必要な費用を徴収するとともに，これらの費目を明確に区分して経理を行い，適正に管理する必要がある。

　また，管理組合の管理者等は，必要な帳票類を作成してこれを保管するとともに，マンションの区分所有者等の請求があった時は，これを速やかに開示することにより，経理の透明性を確保する必要がある。

標準管理規約
第7章　会計
（会計年度）
第56条　管理組合の会計年度は，毎年○月○日から翌年○月○日までとする。

（管理組合の収入及び支出）
第57条　管理組合の会計における収入は，第25条に定める管理費等及び第29条に定める使用料によるものとし，その支出は第27条から第29条に定めるところにより諸費用に充当する。

（収支予算の作成及び変更）
第58条　理事長は，毎会計年度の収支予算案を通常総会に提出し，その承認を得なければならない。
2　収支予算を変更しようとするときは，理事長は，その案を臨時総会に提出し，その承認を得なければならない。
3　理事長は，第56条に定める会計年度の開始後，第1項に定める承認を得るまでの間に，以下の各号に掲げる経費の支出が必要となった場合には，理事会の承認を得てその支出を行うことができる。
　一　第27条に定める通常の管理に要する経費のうち，経常的であり，かつ，第1項の承認を得る前に支出することがやむを得ないと認められるもの
　二　総会の承認を得て実施している長期の施工期間を要する工事に係る経費であって，第1項の承認を得る前に支出することがやむを得ないと認められるもの
4　前項の規定に基づき行った支出は，第1項の規定により収支予算案の承認を得たときは，当該収支予算案による支出とみなす。

5　理事会が第54条第1項第十号の決議をした場合には，理事長は，同条第2項の決議に基づき，その支出を行うことができる。

6　理事長は，第21条第6項の規定に基づき，敷地及び共用部分等の保存行為を行う場合には，そのために必要な支出を行うことができる。

（会計報告）

第59条　理事長は，毎会計年度の収支決算案を監事の会計監査を経て，通常総会に報告し，その承認を得なければならない。

（管理費等の徴収）

第60条　管理組合は，第25条に定める管理費等及び第29条に定める使用料について，組合員が各自開設する預金口座から口座振替の方法により第62条に定める口座に受け入れることとし，当月分は別に定める徴収日までに一括して徴収する。ただし，臨時に要する費用として特別に徴収する場合には，別に定めるところによる。

2　組合員が前項の期日までに納付すべき金額を納付しない場合には，管理組合は，その未払金額について，年利○％の遅延損害金と，違約金としての弁護士費用並びに督促及び徴収の諸費用を加算して，その組合員に対して請求することができる。

3　管理組合は，納付すべき金額を納付しない組合員に対し，督促を行うなど，必要な措置を講ずるものとする。

4　理事長は，未納の管理費等及び使用料の請求に関して，理事会の決議により，管理組合を代表して，訴訟その他法的措置を追行することができる。

5　第2項に基づき請求した遅延損害金，弁護士費用並びに督促及び徴収の諸費用に相当する収納金は，第27条に定める費用に充当する

（管理費等の過不足）

第61条　収支決算の結果，管理費に余剰を生じた場合には，その余剰は翌年度における管理費に充当する。

2　管理費等に不足を生じた場合には，管理組合は組合員に対して第25条第2項に定める管理費等の負担割合により，その都度必要な金額の負担を求めることができる。

（預金口座の開設）

第62条　管理組合は，会計業務を遂行するため，管理組合の預金口座を開設するものとする。

（借入れ）
第63条　管理組合は，第28条第1項に定める業務を行うため必要な範囲内において，借入れをすることができる。

[(ア)　電磁的方法が利用可能ではない場合]

（帳票類等の作成，保管）
第64条　理事長は，会計帳簿，什器備品台帳，組合員名簿及びその他の帳票類を作成して保管し，組合員又は利害関係人の理由を付した書面による請求があったときは，これらを閲覧させなければならない。この場合において，閲覧につき，相当の日時，場所等を指定することができる。
2　理事長は，第32条第三号の長期修繕計画書，同条第五号の設計図書及び同条第六号の修繕等の履歴情報を保管し，組合員又は利害関係人の理由を付した書面による請求があったときは，これらを閲覧させなければならない。この場合において，閲覧につき，相当の日時，場所等を指定することができる。
3　理事長は，第49条第3項（第53条第4項において準用される場合を含む。），本条第1項及び第2項並びに第72条第2項及び第4項の規定により閲覧の対象とされる管理組合の財務・管理に関する情報については，組合員又は利害関係人の理由を付した書面による請求に基づき，当該請求をした者が求める情報を記入した書面を交付することができる。この場合において，理事長は，交付の相手方にその費用を負担させることができる。

[(イ)　電磁的方法が利用可能な場合]

（帳票類等の作成，保管）
第64条　理事長は，会計帳簿，什器備品台帳，組合員名簿及びその他の帳票類を，書面又は電磁的記録により作成して保管し，組合員又は利害関係人の理由を付した書面又は電磁的方法による請求があったときは，これらを閲覧させなければならない。この場合において，閲覧につき，相当の日時，場所等を指定することができる。
2　理事長は，第32条第三号の長期修繕計画書，同条第五号の設計図書及び同

条第六号の修繕等の履歴情報を，書面又は電磁的記録により保管し，組合員又は利害関係人の理由を付した書面又は電磁的方法による請求があったときは，これらを閲覧させなければならない。この場合において，閲覧につき，相当の日時，場所等を指定することができる。

3　理事長は，第49条第5項（第53条第4項において準用される場合を含む。），本条第1項及び第2項並びに第72条第2項及び第4項の規定により閲覧の対象とされる管理組合の財務・管理に関する情報については，組合員又は利害関係人の理由を付した書面又は電磁的方法による請求に基づき，当該請求をした者が求める情報を記入した書面を交付し，又は当該書面に記載すべき事項を電磁的方法により提供することができる。この場合において，理事長は，交付の相手方にその費用を負担させることができる。

4　電磁的記録により作成された書類等の閲覧については，第49条第5項に定める議事録の閲覧に関する規定を準用する。

（消滅時の財産の清算）
第65条　管理組合が消滅する場合，その残余財産については，第10条に定める各区分所有者の共用部分の共有持分割合に応じて各区分所有者に帰属するものとする。

　このように適正化指針では管理費と修繕積立金等を区分して経理することが僅かに求められているのみで，そのほかの具体的な会計の基準については，標準管理規約においても明確な定めはなく，管理組合の会計基準として公に明文化されたものは存在しない。

3 管理組合の会計基準

(1) 会計基準の必要性

　管理組合の組合員が会計報告の内容を数値的に理解し，適切な意思決定を行うためには，明文化された会計基準の存在が不可欠である。また会計基準がないゆえに，一部の組合員の意向によって会計処理の方法や決算書の様式，勘定科目名などの変更が行われやすく，会計業務に支障をきたすケースもある。このような弊害を防ぐためにも，明文化された会計基準が必要となる。

(2) 会計基準のあり方

　会計基準の必要性については従前より認識されているものの，会計業務を受託している各マンション管理会社の会計実務が異なることを根拠に「統一化された会計基準の作成は困難」という意見が根強い。しかし，管理会社の実務については，使用している会計システムに依存した勘定科目名や決算書の様式といった形式的な点が異なるだけであって，実質的な会計処理においてはほとんど変わるところがないのが実情である。

　そもそも管理組合は建物並びにその敷地及び附属施設の管理を行うための私的自治組織であり，その会計報告はあくまで組合員を対象とした内部報告であって，情報公開を前提とした外部報告ではない。そこでは管理組合それぞれの自主性が尊重されるべきであり，決算書の相互比較を可能にする統一化された会計基準を作成する必要性は必ずしも高くない。

　すなわち，それぞれの管理組合が現行の会計実務を明文化することで，

固有の会計基準を独自に作成すればその目的は十分に果たすことができる。

(3)　会計基準の現状

　マンション管理会社の多くは，社内向けに「会計処理マニュアル」を作成し，その中で「勘定科目取扱要領」なども整備しつつある。ただここで言う会計処理マニュアルは，担当部署の従業員が組合会計業務を行うにあたって日常的に参考とするマニュアル・手引きであって，さらに上位概念の原理原則などを明らかにした会計基準とはやや目的と用途を異にするものである。そのような会計原則たる会計基準を明文化している管理会社は一部の大手を除いてまだ少ないものと思料される。

(4)　会計基準の主要論点

　管理組合の会計基準を検討するにあたっては，次の2点が主要な論点となる。

```
①　収支計算書の位置づけ
②　貸借対照表に計上する資産
```

①　収支計算書の位置づけ

　他の非営利団体には見られない管理組合会計の特徴の1つ目が「収支計算書」の位置づけである（「収支報告書」「収支決算書」「正味財産増減計算書」等の名称を用いている管理組合もある。以下総称として「収支計算書」という）。

　そこで管理組合会計における収支計算書の位置づけを理解するために，企業会計と管理組合を含む各種非営利団体の会計における決算書の体系を比較整理すると，**図表2-3-1**のようになる。

《図表2-3-1》決算書の体系

	期間損益または 正味財産の増減	資金の増減	財政状態
企業会計	損益計算書	キャッシュ・フロー計算書（上場企業等のみ）	貸借対照表
現行の公益法人会計	正味財産増減計算書	キャッシュ・フロー計算書（大規模法人のみ）	貸借対照表
NPO法人会計	活動計算書		貸借対照表
旧公益法人会計	正味財産増減計算書	収支計算書	貸借対照表
労働組合会計	収支計算書（資金の増減）及び貸借対照表（資金以外の増減）	収支計算書	貸借対照表
管理組合会計	収支計算書		貸借対照表

　管理組合会計と同様に「収支計算書」を作成しているのは旧公益法人会計と労働組合会計である。しかし，旧公益法人会計や労働組合会計における「収支計算書」が資金の増減を表示する本来の「資金収支計算書」であるのに対して，管理組合会計における「収支計算書」は期間損益を表示する決算書となっている（ただし過去には旧公益法人会計同様に「資金収支計算書」としての「収支計算書」と，資金以外の正味財産の増減を表示する決算書として「正味財産増減計算書」とを作成していた管理組合も見受けられた）。

　「収支計算書」を期間損益を表示する決算書として作成してきた背景には，実務慣習が形成され始めた当時すでに存在していた旧公益法人会計や労働組合会計を参考に「収支計算書」という呼称と様式を採用したものの，一般に広く普及している企業会計の「損益計算書」と同じ内容の決算書を作成してきたという実務上の要請があったものと思料される。

　なお，現在では，期間損益を表示する「活動計算書」と「貸借対照表」の二表を採用するNPO法人会計こそが，管理組合会計における決算書の体系に最も近いといえるのだが，管理組合会計の実務慣習が形成

され始めた当時は，NPO法人制度そのものがまだ存在していなかった。

　したがって現行実務で広く採用されている「収支計算書」という呼称と様式を前提に管理組合の会計基準を検討するならば，同じく「収支計算書」を決算書として採用する旧公益法人や労働組合の会計基準を参照しつつ，「収支計算書」を期間損益を表示する「損益計算書」として利用するための規定を設けて形式と実質の整合性を図る工夫が必要になる（具体的には「(5)④収支計算書と資金の範囲」を参照のこと）。

②　貸借対照表に計上する資産

　他の非営利団体に見られない管理組合会計のもう1つの特徴が，購入した什器備品や資本的支出に該当するような大規模修繕工事などをすべて資産計上せずに，消耗品費や修繕費として費用処理する実務慣行である。この実務には管理組合会計本来の目的が深くかかわっているが，会計基準を検討する場合，貸借対照表に計上する資産の範囲を限定するための規定を設ける必要がある（具体的には「(5)⑤貸借対照表に計上する資産」を参照のこと）。

(5)　会計基準の実例と解説

　ここでは形式的に旧公益法人や労働組合の会計基準を参照しつつ，それらの会計基準にはない管理組合会計の特徴，すなわち(4)で整理した主要論点を反映させて作成された会計基準の実例と主なポイントを解説する。

　なおここで挙げている実例は，管理組合や大手管理会社でも実際に採用されている会計基準でもある。

［会計基準の実例（別表については省略）］

第1　総則
　1　目的
　　　この会計基準は，管理規約に基づいて，管理組合の収支及び財産の状況を適正に把握し，かつ報告することにより管理組合の活動状況を明らかにすることを目的とする。
　2　一般原則
　　　管理組合は，次に掲げる原則に従って，計算書類（収支計算書及び貸借対照表をいう。以下同じ。）を作成しなければならない。（注1）
　　(1)　計算書類は，収支及び財産の状況に関する真実な内容を明瞭に表示するものでなければならない。
　　(2)　計算書類は，正規の簿記の原則に従って正しく記帳された会計帳簿に基づいて作成しなければならない。
　　(3)　会計処理の原則及び手続並びに計算書類の表示方法は，毎会計年度これを継続して適用し，みだりに変更してはならない。

①

　3　会計年度
　　　管理組合の会計年度は，管理規約で定められた期間によるものとする。
　4　会計区分
　　　管理組合の会計区分は，管理規約に定める通常の管理のための管理費会計と特別の管理のための修繕積立金会計とする。

②

　5　計算書類の科目
　　　計算書類の科目は，その性質を示す適当な名称で表示するものとする。
　6　計算書類の注記
　　　計算書類には，その作成に関する重要な会計方針並びに収支及び財産の状況を明らかにするため必要な事項を注記するものとする。

第2　予算及び収支予算表
　1　予算の一般原則
　　(1)　予算は活動計画に基づいて作成しなければならない。
　　(2)　収入及び支出は，原則として収支に関する予算に基づいて行われなければならない。

③

　2　収支予算表の内容
　　　収支予算表は，当該会計年度において見込まれるすべての収入及び支出の内容を明らかにするものでなければならない。

3　収支予算表の様式

　　収支予算表は，別表1の様式に準じ作成するものとする。

第3　収支計算書

1　収支計算書の内容

　　収支計算書は，当該会計年度におけるすべての収入及び支出の内容を明らかにするものでなければならない。（注2）（注3）　　④

2　収支計算書の構成

　　収支計算書は，収支の予算額と決算額とを対比して表示しなければならない。予算額と決算額との差異が著しい項目については，その理由を備考欄に記載するものとする。　　③

3　収支計算書の様式

　　収支計算書は，別表2の様式に準じ作成するものとする。

第4　貸借対照表

1　貸借対照表の内容

　　貸借対照表は，当該会計年度末現在におけるすべての資産，負債及び剰余金の状況を明らかにするものでなければならない。（注4）（注5）

2　貸借対照表の区分

　　貸借対照表は，資産の部，負債の部及び正味財産の部に区分しなければならない。

3　貸借対照表の様式

　　貸借対照表は，別表3の様式に準じ作成するものとする。

4　資産の貸借対照表価額

　　貸借対照表に記載する資産の価額は原則として当該資産の取得価額を基礎として計上しなければならない。（注6）

第5　特別会計

1　特別会計の設定

　(1)　「第1　総則　4　会計区分」に定める会計区分のほか，特別の目的を定めて徴収した資金を財源として組合活動を行う場合には，当該活動状況を明らかにするため特別会計を設けなければならない。　　②

　(2)　「第1　総則　4　会計区分」に定める会計区分のほか，将来の特定の支出に備えるため，又は，特定の資金を区分して管理するための特別会計

を設けることができる。

2　特別会計の計算書類

特別会計を設けた場合は，会計区分ごとの活動状況を明らかにするため計算書類を作成しなければならない。

注解

(注1)　重要性の原則

会計処理の原則及び手続並びに計算書類の表示に関しては，重要性の原則が適用される。　①

(注2)　収支及び資金の範囲

管理組合の活動状況を明らかにするための収支は，資金の増加を収入とし，資金の減少を支出として計算される。資金の範囲はすべての資産及び負債とする。　④

(注3)　収支計算書の総額主義の原則

収入及び支出は，総額によって記載することを原則とし，収入の項目と支出の項目とを直接に相殺することによってその全部又は一部を収支決算書から除去してはならない。

(注4)　貸借対照表の総額主義の原則

資産，負債及び次年度繰越金は総額によって記載することを原則とし，資産の項目と負債又は次年度繰越金の項目とを相殺することによって，その全部又は一部を貸借対照表から除去してはならない。

(注5)　貸借対照表に計上する資産

貸借対照表に計上する資産は，管理規約に定める通常の管理に要する経費又は特別の管理に要する経費に充当することが可能な資産とする。建物の敷地，建物の共用部分，共用部分の改修に係る資本的支出及び什器備品等，管理規約に定める通常の管理に要する経費又は特別の管理に要する経費に充当することが予定されない資産については，貸借対照表に計上しない。　⑤

(注6)　資産の取得価額

資産の取得価額は原則として購入対価に引取費用等の付随費用を加算して決定される。交換，受贈等によって取得した資産の取得価額はその取得時における公正な評価額とする。

上記①〜⑤は，次頁の［会計基準の主なポイントの解説］を参照。

[会計基準の主なポイントの解説]

① 一般原則

　一般原則はほぼすべての会計基準に共通するものであり，管理組合の会計基準においても不可欠の原則である。

A) 真実性・明瞭性の原則

第1　総則
2　一般原則
　(1) 計算書類は，収支及び財産の状況に関する真実な内容を明瞭に表示するものでなければならない。

　真実性の原則は，会計原則の中では最高規範として位置づけられ，すべての取引を客観的な事実に基づいて認識することを要請している。これは恣意的な会計操作を行わせないためである。

　また真実性の原則を支えるのが明瞭性の原則で，具体的には計算書類を一定の様式や表示のルールに従ってわかりやすく明瞭に作成することを要請している。

B) 正規の簿記の原則

第1　総則
2　一般原則
　(2) 計算書類は，正規の簿記の原則に従って正しく記帳された会計帳簿に基づいて作成しなければならない。

　正規の簿記の原則は，会計帳簿の作成にあたり，「網羅性」「検証性」「秩序性」のある記録の作成を要請するものである。

　網羅性とは，すべての取引は漏れなく記録されるべきものである，と

いうものである。

　検証性とは，記録された取引は取引後においても検証可能な状態で記録されるべきである，というものである。

　秩序性とは，一定の法則に従って秩序をもって正しく記録されるべきである，というものである。「秩序」とは会計帳簿から計算書類の作成までが誘導できるような組織的秩序を意図しており，そのために必要な手法が複式簿記である。

C)　継続性の原則

> 第1　総則
> 2　一般原則
> (3)　会計処理の原則及び手続並びに計算書類の表示方法は，毎会計年度これを継続して適用し，みだりに変更してはならない。

　継続性の原則は，会計処理の手続及び表示の方法を毎期継続して適用し，正当な理由なくこれを変更しないことを要請している。前期と同様の会計が今期も継続して適用されることにより相対的真実が保証されることから，継続性の原則は真実性の原則を支える原則と言える。

　管理組合の要請や会計システムの変更，あるいは管理会社の変更などにより，決算書の様式や勘定科目が変更されることがあるが，継続性の原則の趣旨に照らし，変更の内容については具体的な説明を行い，前期と比較できるようにしておくことが望まれる。

D)　重要性の原則

> 注解
> (注1)　重要性の原則
> 　会計処理の原則及び手続並びに計算書類の表示に関しては，重要性の原則が

適用される。

　重要性の原則は，上記の一般原則を補完する原則のため，会計基準本文ではなく注解にて規定している。

　会計処理は定められた方法に従って正確な計算を行うべきものであるが，会計の目的は利用者の判断を誤らせないようにすることにあるから，重要性の乏しいものについては，本来の厳密な会計処理によらないで他の簡便な方法によることも正規の簿記の原則に従った処理として認められる。

　なお重要性の原則は，処理だけでなく表示に関しても適用され，量的（金額的）重要性だけでなく質的重要性も含むものである。

② 　目的別会計

第1　総則
4　会計区分
　　管理組合の会計区分は，管理規約に定める通常の管理のための管理費会計と特別の管理のための修繕積立金会計とする。

　目的別会計は管理組合特有の会計慣行として定着している。区分所有者は管理費等を管理組合に納入しなければならないが，その徴収目的や資金使途は一般に管理規約によって以下のように厳密に定められている。

標準管理規約
第2節　費用の負担
（管理費等）
第25条　区分所有者は，敷地及び共用部分等の管理に要する経費に充てるため，次の費用（以下「管理費等」という。）を管理組合に納入しなければならない。
　一　管理費

　　二　修繕積立金

（管理費）
第27条　管理費は，次の各号に掲げる通常の管理に要する経費に充当する。
　　一　管理員人件費
　　二　公租公課
　　三　共用設備の保守維持費及び運転費
　　四　備品費，通信費その他の事務費
　　五　共用部分等に係る火災保険料，地震保険料その他の損害保険料
　　六　経常的な補修費
　　七　清掃費，消毒費及びごみ処理費
　　八　委託業務費
　　九　専門的知識を有する者の活用に要する費用
　　十　管理組合の運営に要する費用
　　十一　その他第32条に定める業務に要する費用（次条に規定する経費を除く。）

（修繕積立金）
第28条　管理組合は，各区分所有者が納入する修繕積立金を積み立てるものとし，積み立てた修繕積立金は，次の各号に掲げる特別の管理に要する経費に充当する場合に限って取り崩すことができる。
　　一　一定年数の経過ごとに計画的に行う修繕
　　二　不測の事故その他特別の事由により必要となる修繕
　　三　敷地及び共用部分等の変更
　　四　建物の建替え及びマンション敷地売却（以下「建替え等」という。）に係る合意形成に必要となる事項の調査
　　五　その他敷地及び共用部分等の管理に関し，区分所有者全体の利益のために特別に必要となる管理

　このように資金の徴収目的と使途は明確に紐づけられており，これらを混同すれば，予定されていた本来の目的（「通常の管理」と「特別の管理」）の達成が困難となる。そこで資金の混同を回避するための会計的な措置として，目的別に会計区分を設けて区分経理を行う必要がある

（図表2-3-2）。

《図表2-3-2》標準管理規約における規定と会計区分

資金の徴収目的と使途	会計区分
管理規約第27条に定める「通常の管理」	管理費会計
管理規約第28条に定める「特別の管理」	修繕積立金会計

> 第5　特別会計
> 1　特別会計の設定
> (1)「第1　総則　4　会計区分」に定める会計区分のほか，特別の目的を定めて徴収した資金を財源として組合活動を行う場合には，当該活動状況を明らかにするため特別会計を設けなければならない。

　管理費や修繕積立金とは別に，管理規約で特別に使途を明確に定めて徴収する資金を管理する場合，資金の混同を避けるために別途会計区分を設けなければならない。

　例えば，自治会活動のためだけに資金を徴収して使用する場合に設けられる「自治会会計」などがそれに該当する。

> 第5　特別会計
> 1　特別会計の設定
> (2)「第1　総則　4　会計区分」に定める会計区分のほか，将来の特定の支出に備えるため，又は，特定の資金を区分して管理するための特別会計を設けることができる。

　一方，管理規約では特別な規定を設けず，管理費や修繕積立金として徴収されているため，通常は管理費会計や修繕積立金会計で処理できるものの，管理の便宜上任意に会計区分を設定してこれを管理するほうが有用な場合もある。

　例えば，機械式駐車場の修繕費は一般に管理費会計で処理されるが，金額が多額になる場合は，「機械式駐車場会計」を設けて管理すること

が考えられる。また将来の大規模修繕に充当するために収益事業を行う
場合，修繕積立金会計とは別に「収益事業会計」（携帯基地局会計や外部
貸駐車場会計など）を設けて管理することなどが考えられる。

③　予算準拠主義

> 第2　予算及び収支予算表
> 1　予算の一般原則
> (1)　予算は活動計画に基づいて作成しなければならない。
> (2)　収入及び支出は，原則として収支に関する予算に基づいて行われなけれ
>   ばならない。

　予算準拠主義も目的別会計とともに管理組合特有の会計慣行として定
着している。

　管理組合の活動は承認された事業計画に基づいて行われるが，事業計
画をもとに作成されるのが収支の予算である。管理組合は非営利目的で
あるため，営利目的の事業会社と異なり，予算の遵守が非常に重要とな
る。特に管理組合の場合，収入は区分所有者から徴収した管理費等によ
るため，それが予算どおりに使われているか否かは区分所有者にとって
の重大な関心事となる。

　標準管理規約では，理事会で作成した予算案を総会で承認することを
定めているものの（第48条，第54条及び第58条），予算準拠主義について
の明確な規定はないため，会計基準においてこれを明記することにより，
厳格な予算の執行を求めている。

> 第3　収支計算書
> 2　収支計算書の構成
> 　収支計算書は，収支の予算額と決算額とを対比して表示しなければならな
> い。予算額と決算額との差異が著しい項目については，その理由を備考欄に
> 記載するものとする。

予算準拠主義に実効性を与えるためには，予算による統制機能が働かなければならない。予算と実績の差異を把握し，その原因を分析することで管理組合の活動の適否を判断することが可能になる。

④　収支計算書と資金の範囲

第3　収支計算書
1　収支計算書の内容
　　収支計算書は，当該会計年度におけるすべての収入及び支出の内容を明らかにするものでなければならない。（注2）（注3）

（注2）　収支及び資金の範囲
　管理組合の活動状況を明らかにするための収支は，資金の増加を収入とし，資金の減少を支出として計算される。
　資金の範囲はすべての資産及び負債とする。

「(4)①収支計算書の位置づけ」でも述べたように，管理組合会計の現行実務では，実質的に損益計算書を作成しつつも，形式だけは「収支計算書」という呼称と様式を用いている。

しかし，本来「収支計算書」は資金の増減を表示する「資金収支計算書」であるから，これを期間損益を表示する「損益計算書」として利用するためには，会計基準にそのための規定を設けて形式と実質の整合性を図らなければならない。それが注解（注2）における「資金の範囲」の規定である。

具体的には，資金の範囲を広くするほど（例：すべての資産及び負債），収支計算書の内容は現行の実務における損益計算書に近づくこととなる。一方，資金の範囲を狭くするほど（例：現金預金のみ），収支計算書の内容は本来の資金収支計算書に近づくこととなる。

《図表2-3-3》資金の範囲による仕訳の違い

	広（すべての資産及び負債）				狭（現金預金のみ）			
前年度末 貸借対照表	資産の部		負債・正味財産の部		資産の部		負債・正味財産の部	
	勘定科目	金額	勘定科目	金額	勘定科目	金額	勘定科目	金額
	預　金	300			預　金	300		
			次期繰越金	300			次期繰越金	300
	合計	300	合計	300	合計	300	合計	300

当年度の取引	当年度内に工事が完了した修繕費10が当年度末時点で未払となっている	
資金の範囲	広（すべての資産及び負債）	狭（現金預金のみ）
当年度の仕訳	（借方）修繕費　10　（貸方）未払金　10 未払金は「資金」に該当するため，「資金」の増減取引（貸方＝減少取引）として，収支計算書に反映される。	（借方）未払金見返勘定　10　（貸方）未払金　10 未払金は「資金」に該当しないため，収支計算書には何も反映されない。一方，貸借対照表に未払金を計上するために，未払金見返勘定（剰余金）という特殊な勘定科目が使用される。

当年度収支計算書

勘定科目	実績
収　入　合　計	―
修　繕　費	10
支　出　合　計	10
当　期　収　支	▲10
前　期　繰　越　金	300
次　期　繰　越　金	290

勘定科目	実績
収　入　合　計	―
修　繕　費	―
支　出　合　計	―
当　期　収　支	―
前　期　繰　越　金	300
次　期　繰　越　金	300

収支計算書の性質	期間損益を表示する損益計算書	資金の増減を表示する資金収支計算書

当年度末貸借対照表

資産の部		負債・正味財産の部	
勘定科目	金額	勘定科目	金額
預　金	300	未　払　金	10
		次期繰越金	290
合計	300	合計	300

資産の部		負債・正味財産の部	
勘定科目	金額	勘定科目	金額
預　金	300	未　払　金	10
		未払金見返勘定	▲10
		次期繰越金	300
合計	300	合計	300

現行の実務慣行	○	×

　このように，収支計算書の性質は資金の範囲に定義されるため，会計基準でこれを定める必要がある。なお，実例に挙げた会計基準を採用している管理組合又は大手管理会社では，いずれも実質的な損益計算書を作成しており，会計基準における資金の範囲を「すべての資産及び負債」と定めている。

⑤　貸借対照表に計上する資産

> （注5）　貸借対照表に計上する資産
> 　貸借対照表に計上する資産は，管理規約に定める通常の管理に要する経費又は特別の管理に要する経費に充当することが可能な資産とする。建物の敷地，建物の共用部分，共用部分の改修に係る資本的支出及び什器備品等，管理規約に定める通常の管理に要する経費又は特別の管理に要する経費に充当することが予定されない資産については，貸借対照表に計上しない。

　「⑷②貸借対照表に計上する資産」でも述べたように，管理組合会計では，購入した什器備品や資本的支出に該当するような大規模修繕工事などをすべて資産計上せずに，消耗品費や修繕費として費用処理する実務慣行が定着している。これは管理組合会計の本来の目的に適合した実務といえる。

　そもそも管理組合会計は，管理規約で定められた使途のために組合員から徴収した資金を使用した結果としての収支の状況，及び将来の修繕等に備えて保管されている資金等の財産の状況を，適切に把握して組合員に報告することによって，管理組合の活動状況を明らかにすることを目的とするものである。すなわち管理規約で定められた使途と無関係な資金や財産の状況を把握し報告することは本来の目的とするところではない。

　したがって，貸借対照表に計上すべき資産も，管理組合会計本来の目的に適合した，管理規約で定められた使途に充当することが可能な資産に限定するのが適切である。貸借対照表に計上する資産と使途を定めた標準管理規約の規定を表にまとめると**図表2-3-4**のようになる。

《図表2-3-4》貸借対照表に計上する資産と標準管理規約

貸借対照表に計上する資産	使途を定めた標準管理規約の規定
管理規約に定める「通常の管理に要する経費」に充当することが可能な資産	（「通常の管理に要する経費」の内容） 第27条 　管理費は，次の各号に掲げる通常の管理に要する経費に充当する。 　　一　管理員人件費 　　二　公租公課 　　三　共用設備の保守維持費及び運転費 　　四　備品等，通信費その他の事務費 　　五　共用部分等に係る火災保険料，地震保険料その他の損害保険料 　　六　経常的な補修費 　　七　清掃費，消毒費及びごみ処理費 　　八　委託業務費 　　九　専門的知識を有する者の活用に要する費用 　　十　管理組合の運営に要する費用 　　十一　その他に要する費用（次条に規定する経費を除く。）
管理規約に定める「特別の管理に要する経費」に充当することが可能な資産	（「特別の管理に要する経費」の内容） 第28条 　管理組合は，各区分所有者が納入する修繕積立金を積み立てるものとし，積み立てた修繕積立金は，次の各号に掲げる特別の管理に要する経費に充当する場合に限って取り崩すことができる。 　　一　一定年数の経過ごとに計画的に行う修繕 　　二　不測の事故その他特別の事由により必要となる修繕 　　三　敷地及び共用部分等の変更 　　四　建物の建替え及びマンション敷地売却（以下「建替え等」という。）に係る合意形成に必要となる事項の調査 　　五　その他敷地及び共用部分等の管理に関し，区分所有者全体の利益のために特別に必要となる管理

　このように資産の範囲を限定すると，事務机，椅子，収納キャビネット，コピー機，防犯カメラなど管理組合が所有する資産が貸借対照表に計上されなくなる。そこで，そのような資産を管理する必要がある場合には，「什器備品台帳」などを別途作成することが考えられる（④(3)②「什器備品台帳」参照）。

　以上，管理組合の会計基準について実例を挙げて解説したが，これは
あくまでも1つの事例である。

　例えば，注記情報は管理組合の会計実務において一般的でないため，
事例には記載されていないが，余剰資金を運用している管理組合などは，
投資資産の時価情報を注記するよう定めることも有意義であろう。

　いずれにしても，管理会社や管理組合は，会計処理の根拠を明確にす
るために，また，無益な会計処理の変更要請等を未然に防ぐために，こ
うした会計基準や勘定科目処理マニュアル等を定めておくことが望まし
い。

4 管理組合の帳簿体系

　適正化指針では，「管理組合の管理者等は，必要な帳票類を作成してこれを保管するとともに，マンションの区分所有者等の請求があった時は，これを速やかに開示することにより，経理の透明性を確保する必要がある。」とし（「二 4 管理組合の経理」），標準管理規約では，「理事長は，会計帳簿，什器備品台帳，組合員名簿及びその他の帳票類を作成して保管し，組合員又は利害関係人の理由を付した書面による請求があったときは，これらを閲覧させなければならない。」としている（第64条第1項）。

　これらの「帳票類」や「会計帳簿」が具体的にいかなる内容のものを指すかについての明確な定めはないが，実務上は会計業務を受託しているマンション管理会社の会計システムによって帳簿の体系が定められている。ここでは管理組合における標準的な帳簿体系について整理を行う。

《図表2-4-1》 管理組合の帳簿体系

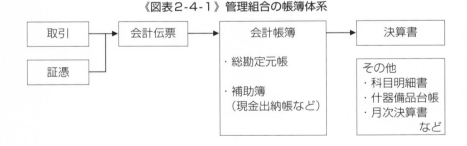

(1) 会計帳簿

　会計帳簿とは決算書作成のもととなる帳簿をいうが，実務では一般的に，主要簿である総勘定元帳のほか，総勘定元帳を補助する各種の補助

簿（現金出納帳など）を会計帳簿として作成している。

①　総勘定元帳

　総勘定元帳とは，管理組合が一定期間に行ったすべての会計取引を勘定科目別に分類整理して作成される主要簿である。総勘定元帳の各科目の残高を集計することにより決算書が作成される。

《図表2-4-2》総勘定元帳の例

総勘定元帳
期間（●●年●月〜●●年●月）

××会計
勘定科目：××
●●管理組合
(単位：円)

日付	伝票番号	相手科目	摘要	借方	貸方	残高
			繰越残高			××
××	××	××		××		××
××	××	××			××	××
			●月　合計	××	××	

②　補助簿

　補助簿とは，総勘定元帳に記帳されている取引を取引先別など利用目的に応じて細分化した帳簿であり，補助簿の合計金額は総勘定元帳の金額と一致する。

　例えば，共用施設利用料を収受したり，急な経費の支払いに充てたりと，現金をマンションで直接取り扱う場合に一般に作成されている補助簿として現金出納帳がある。

　現金取引は金額が少額なものが多く，取引をすべて総勘定元帳に記載するのは煩雑である。そこで日次では現金出納帳に記帳しておき，月次でまとめて合計金額を総勘定元帳に記帳する実務が効率的である。この

ような場合，総勘定元帳では分からない現金の入出金状況や日々の残高を把握管理するのに現金出納帳は有用である。

《図表2-4-3》現金出納帳の例

現金出納帳

●●管理組合 (単位：円)

日付	相手科目	摘要	収入	支出	残高
		繰越残高			××
××	××	××	××		××
××	××	××		××	××
		●月　合計	××	××	

(2)　決算書

標準管理規約では，「理事長は，毎会計年度の収支決算案を監事の会計監査を経て，通常総会に報告し，その承認を得なければならない」としているが（第59条），実務では一般に決算書として，「収支計算書」及び「貸借対照表」に対して通常総会で承認を得ている管理組合が多い。

①　収支計算書

収支計算書とは，管理組合の収支の状況を示す決算書であり，当該会計年度におけるすべての収入及び支出の内容を明らかにするものである。

《図表2-4-4》収支計算書の例

収支計算書
第●期（●年●月●日〜●年●月●日）

●●管理組合
管理費会計

(単位：円)

勘定科目	予算額	決算額	差異	備考
管　理　費				
駐車場利用料				
施 設 利 用 料				
受 取 利 息				
受 取 保 険 金				
雑　収　入				
収 入 合 計				
管 理 委 託 費				
水 道 光 熱 費				
損 害 保 険 料				
消 耗 品 費				
修　繕　費				
支 払 報 酬				
組 合 諸 経 費				
雑　　費				
予　備　費				
支 出 合 計				
当 期 収 支				
他会計への繰入				
前 期 繰 越 金				
次 期 繰 越 金				

収支計算書
第●期（●年●月●日～●年●月●日）

●●管理組合
修繕積立金会計 （単位：円）

勘定科目	予算額	決算額	差異	備考
修 繕 積 立 金				
収 入 合 計				
修 繕 工 事 費				
支 出 合 計				
当 期 収 支				
他会計からの受入				
前 期 繰 越 金				
次 期 繰 越 金				

② 貸借対照表

　貸借対照表とは，管理組合の財産の状況を示す決算書であり，当該会計年度末現在におけるすべての資産，負債及び正味財産（「剰余金」「繰越金」等の名称を用いている管理組合もある）の状況を明らかにするものである。

《図表2-4-5》貸借対照表の例

貸借対照表
●年●月●日現在

●●管理組合
管理費会計 (単位：円)

資産の部		負債・正味財産の部	
勘定科目	金額	勘定科目	金額
現　　　　　金		未　　払　　金	
預　　　　　金		前　　受　　金	
未　収　入　金		預　　り　　金	
前　　払　　金		仮　　受　　金	
預　け　　金		他 会 計 預 り 金	
仮　　払　　金			
有　価　証　券			
保 険 積 立 金		次 期 繰 越 金	
資産の部合計		負債・正味財産の部合計	

貸借対照表
●年●月●日現在

●●管理組合
修繕積立金会計 (単位：円)

資産の部		負債・正味財産の部	
勘定科目	金額	勘定科目	金額
預　　　　　金		未　　払　　金	
未　収　入　金		前　　受　　金	
有　価　証　券			
他 会 計 預 け 金		次 期 繰 越 金	
資産の部合計		負債・正味財産の部合計	

③　収支予算書

　決算書ではないが，収支計算書と対になる書類として一般に作成されているのが収支予算書である。標準管理規約では，「理事長は，毎会計年度の収支予算案を通常総会に提出し，その承認を得なければならない」としているが（第58条第1項），実務では一般に，「収支予算書」に

対して通常総会で承認を得ている管理組合が多い。総会で承認された予算が収支計算書において実績と対比されることになるため、収支予算書の作成方法や勘定科目は収支計算書と同様である。

《図表2-4-6》収支予算書の例

収支予算書
第●期（●年●月●日～●年●月●日）

●●管理組合
管理費会計
(単位：円)

勘定科目	第●期予算	第●期実績額	増減	備考
管　理　費				
駐車場利用料				
施設利用料				
受取利息				
受取保険金				
雑　収　入				
収　入　合　計				
管理委託費				
水道光熱費				
損害保険料				
消耗品費				
修　繕　費				
支払報酬				
組合諸経費				
雑　　　費				
予　備　費				
支　出　合　計				
当　期　収　支				
他会計への繰入				
前期繰越金				
次期繰越金				

収支予算書
第●期（●年●月●日～●年●月●日）

●●管理組合
修繕積立金会計   （単位：円）

勘定科目	第●期予算	第●期実績額	増減	備考
修 繕 積 立 金				
収 入 合 計				
修 繕 工 事 費				
支 出 合 計				
当 期 収 支				
他会計からの受入				
前 期 繰 越 金				
次 期 繰 越 金				

(3)　その他の帳票類

　一連の帳簿体系とは別の帳票として作成されるものに，各種の科目明細書や什器備品台帳などがある。これらは一般に決算書だけではわからない情報を補足するために，決算説明用の資料として作成されることが多い。

①　科目明細書

　決算書とあわせて作成されることが多いのが，各収支科目や主要な資産及び負債の勘定科目別内訳明細書（以下「科目明細書」という）である。

　決算書では各勘定科目ごとの合計金額しか分からないため，具体的な取引内容や相手先などを知るためには，科目明細書が必要になる。

　管理組合における主な科目明細書として一般的なのは，収支計算書における各収支科目の明細書のほか，未収金明細書や財産目録などがある。

A)　各収支科目の明細書

各収支科目の明細書とは，収支計算書に記載されている取引内容を把握管理するため，収入及び支出の発生額を相手先別，発生年月別に細分化した内訳明細書である（明細書を作成せず，収支計算書の備考欄に内訳を記載する場合もある）。

B)　未収金明細書

未収金明細書とは，管理費等の滞納状況を把握管理するため，未収金残高を部屋番号別，発生年月別に細分化した内訳明細書である。

国土交通省が平成17年12月に公表した「マンション管理標準指針」においても，管理費等の滞納状況の把握について，「未収金明細書等の滞納住戸が把握できる会計書類を作成している」ことを管理組合の「標準的な対応」としていることから，未収金明細書を作成している管理組合は多い。

ただし，部屋番号別の情報は慎重に取り扱う必要があるため，決算書の添付資料とされないことも多い。

C)　財産目録

区分所有法では，管理組合法人に財産目録の作成を義務付けている（第48条の２）。財産目録とは，事業年度末現在の資産及び負債の詳細を表示した明細表であるが，その実質的な内容は貸借対照表の科目明細書にほかならず，法人以外でこれを作成している管理組合は少ないものと思料される。

②　什器備品台帳

標準管理規約は「什器備品台帳」を作成すべき旨を規定している（第64条）。

　什器備品台帳とは，什器備品の取得，移動及び処分並びに保全の状況を把握管理するための台帳であるが，実務上これを作成している管理組合は少ない。

　しかし管理組合の会計では，購入した什器や備品は資産計上せずに消耗品費等として費用処理する実務慣行が定着しているため（③(5)⑤「貸借対照表に計上する資産」参照），事務机，椅子，収納キャビネット，コピー機，防犯カメラなど管理組合が所有する資産を管理するための台帳として，什器備品台帳を作成することは有用である。

　作成方法などについての具体的な規定はないが，台帳の作成と資産の管理にあたっては，以下のような要領で行うとより効果的である。

> ● 什器備品台帳に計上する基準（例：購入単価100,000円以上，利用予定期間1年超など）を定める。
> ● 什器備品には資産番号を割り振り，現物には当該番号が記載されたシールを貼る。
> ● 台帳には資産番号，資産の名称，取得時期，取得金額，保管場所，付保状況等を記載する。
> ● 定期的に什器備品の現物調べを行う。

③　月次決算書

　決算書が年に一度の通常総会のために作成開示されるのに対して，毎月開催される理事会のために作成されているのが月次決算書である。

　月次決算書は，期中における予算の執行状況や財産の状況を適時に把握するのに有用であり，管理会社には会計の収入及び支出の状況に関する書面の交付が毎月義務づけられている（適正化法施行規則87⑤）。

5　管理組合の勘定科目

　帳簿体系と同様，管理組合の勘定科目もまた会計業務を受託している
マンション管理会社の会計システムによってあらかじめ定められている
のが一般的である。ただし，会計システム内の勘定科目体系を明示でき
るようにしておかないと，安易な科目の追加や変更が行われやすく，会
計業務に支障をきたすケースもある。会計処理の継続性を保ち，非効率
な業務の無駄を避けるためにも，勘定科目の体系を整理し明文化してお
くことは重要である。

　そこで以下では，一般的な勘定科目とその摘要を例示する。管理組合
が行う会計取引には共通しているものが多く，これを処理する勘定科目
も実務慣行として定着しているものが多い。なお管理費会計と修繕積立
金会計とで重複する勘定科目もあるため，ここでは会計区分を分けず，
便宜上１つの表にまとめて例示する。

(1) 収支計算書の勘定科目

《図表2-5-1》収支計算書の勘定科目表の例

区　分	勘定科目	摘　要
収　入	管理費	区分所有者から徴収する管理費をいう。
	修繕積立金	区分所有者から徴収する修繕積立金をいう。
	駐車場利用料	区分所有者から徴収する駐車場の利用料をいう。
	施設利用料	区分所有者から徴収する共用施設（会議室，ゲストルーム，スポーツ施設等）の利用料をいう。
	受取利息	預金，国債，すまい・る債等の利息をいう。
	受取保険金	保険会社から受け取る保険金をいう。
	雑収入	上記以外の取引により生じた収益をいう。
支　出	管理委託費	管理を委託している管理会社に対する委託業務費をいう。
	水道光熱費	管理上要した水道，ガス，電力料をいう。
	損害保険料	損害保険契約に基づき支払う保険料で当期の費用となる部分をいう。
	消耗品費	管理を行ううえで短期間に消費する事務用品，什器備品等をいう。
	修繕費	資産の修繕に要した費用をいう。
	支払報酬	弁護士，公認会計士等の外部専門家に対する報酬をいう。
	組合諸経費	理事会・総会の運営費用や役員報酬等をいう。
	雑費	上記以外の取引により生じた費用をいう。
	予備費	予算作成時には想定し得ない費用に備えて予算を計上するための勘定科目をいう。
その他	他会計からの受入	他の会計区分から受け入れた資金をいう。
	他会計への繰入	他の会計区分へ振り替えた資金をいう。

(2) 貸借対照表の勘定科目

《図表2-5-2》貸借対照表の勘定科目表の例

区　分	勘定科目	摘　要
資　産	現金	通貨等の小口現金をいう。
	預金	金融機関に対する預金，貯金等をいう。
	未収入金	受け取るべき金銭の未収債権をいう。
	前払金	一定の契約に従い役務の提供を受ける場合，いまだ提供されていない役務に対して支払われた対価をいう。
	預け金	一時的に預けた金銭等で返却されるべきものをいう。
	仮払金	支出時点で勘定科目又は処理すべき金額が未定の場合に一時的に使用する勘定科目をいう。
	有価証券	資金運用の目的をもって所有する国債，すまい・る債等の有価証券をいう。
	保険積立金	満期時に返却される積立保険料をいう。
	他会計預け金	他の会計区分に一時的に預けた金銭等で返却されるべきものをいう。
負　債	未払金	支払うべき金銭の未払債務をいう。
	前受金	入金済の収益のうち翌月以降のものをいう。
	預り金	一時的に受け入れた金銭等で，本人又は第三者に返却すべきものをいう。
	仮受金	受入時点で勘定科目又は処理すべき金額が未定の場合に一時的に使用する勘定科目をいう。
	他会計預り金	他の会計区分から一時的に預かった金銭等で返却すべきものをいう。

6 管理組合の会計Q&A

Q1 発生主義と収支計算書

収支計算書は発生主義に基づき作成しなければならないとよく聞くが，発生主義に基づく収支計算書とはどのような計算書か。

A

まず初めに注意しなければならないことは，発生主義と収支計算書に直接の関係はないということである。そもそも発生主義とは，収益及び費用の認識基準の1つである。収益及び費用を入出金の事実に基づき認識するのが現金主義であるのに対して，入出金に関係なく発生の事実に基づき認識するのが発生主義である。これに対し収支計算書とは本来，収益及び費用ではなく，資金の増減を表示する計算書である。したがって収支計算書において収益及び費用の認識基準は論点とならない。

ただし管理組合会計の実務では，収支計算書という呼称と様式を用いながらも，本来の資金収支計算書ではなく，企業会計における損益計算書と同様の計算書を作成しているのが一般的である。損益計算書と同様ということは，資金の増減ではなく，期間損益の計算を行っているということであり，そのような収支計算書を作成している場合に初めて収益及び費用の認識基準が論点となる。

すなわち発生主義に基づく収支計算書とは，まず損益計算書と同様の計算書であることを前提に，収益及び費用を発生の事実に基づき認識することで期間損益の計算を行っている計算書ということができる。

したがって，以下のQ&Aで「発生主義」と記述する際には，管理組合会計において，損益計算書と同様の収支計算書を作成していることを

前提とする。

Q2 請求書が未着の場合

> 3月決算の管理組合だが，3月に実施した修繕工事の請求書が届いていない。請求書を待つと決算作業が遅れて承認の決議に間にあわない場合，発生主義によればどのような会計処理が適切か。

A

修繕工事が会計年度内に完了している場合には，当該修繕費は発生主義であれば費用処理することになる。

したがって請求書の入手が遅れる場合でも，工事業者等に請求予定金額を確認するなどして，当該金額を修繕費等の勘定科目で未払計上すべきである。

Q3 大規模修繕工事の会計処理

> 大規模修繕工事の手付金及び中間金を支払っているが，決算日時点では工事が未了の場合，発生主義によればどのような会計処理が適切か。

A

発生主義の場合，原則として大規模修繕工事に係る費用は工事完了時（管理組合の検収時）に費用処理することになる。

したがって，決算日時点で工事未了（未検収）の場合には，手付金，中間金等の支払額は前払金等として資産計上することになる。

ただし，契約書等で部分的に検収する都度支払を行うことになっている場合には，当該検収の都度費用計上すべきである。

　なお，収支予算書において手付金，中間金を大規模修繕工事に係る費用として支出計上している場合には，工事未了であっても，当該支払額を収支計算書の支出として計上する実務も多く見受けられる。

　これは，予算が発生主義に基づいて作成されていないために生じるものである。

　収支計算書を発生主義の損益計算書と同様に位置づけている管理組合であれば，正しい会計処理とは言えないが，発生主義に基づいていないとしても，予算及び実績が総会で承認されるかぎり弊害はないものと思料される。

Q4　重要性が低い費用

> 　３月決算の管理組合だが，水道料金については口座引落時に費用処理している。発生主義によればどのような会計処理が適切か。

A

　発生主義の場合，原則として，当期に発生した費用は支払の有無に関らず当期の費用として処理しなければならない。

　一般的に３月に口座から引き落とされる水道代は，決算日以前の検針日までに確定した水道料金であるため，当該検針日から決算日までの水道料金は未払いとなる。

　したがって，厳密な発生主義によれば，当該未払いの水道料金も費用計上することになるが，企業会計においても重要性が低い場合には，現金主義（支出時に費用処理）も容認されていることを踏まえれば，管理組合会計においても同様の処理を行っても弊害はないものと思料される。

Q5 保険対応の工事

> 保険対応の工事を行った場合，どのような会計処理が適切か。

A

　保険対応の工事については，仮に工事が完了して工事代金の請求書を受取っていたとしても，保険金が入金されるまで修繕費の計上を見合わせる会計処理も見受けられる。

　保険対応の工事の場合，工事の実施と保険金の受取は密接に関連するものではあるが，仮に保険金が受け取れなくても，既に工事を実施した事実に変わりはなく，両者はそれぞれ別個の会計取引として処理されるのが望ましい。したがって，保険対応の工事であっても，工事が完了し検収が済んだ時点で修繕費を計上するのがより適切な会計処理である。

　また受取保険金を修繕費と相殺処理してしまうと，実際の修繕費に対してどの程度保険でカバーされたのかが不明瞭となり，保険の巧拙の判断もしにくくなる。したがって，受取保険金と修繕費は相殺処理せずに，それぞれ総額で収益と費用に計上するのが望ましい。

Q6 一括払いの保険料

> 契約期間5年の保険料を一括払いした場合，発生主義によればどのような会計処理が適切か。

A

　発生主義の場合，一括して支払った保険料を期間按分することになる。具体的には，当期分の保険料のみを費用処理し，翌期以降の保険料については前払金等として資産計上することになる。

　この場合按分方法は，日割り計算（＝当期の日数／保険期間の全日数×
保険料総額）が望ましいが，金額的な重要性を勘案して月割り計算によ
り按分することも考えられる。

　なお，企業会計では，1年以内に費用となる金額は前払費用，1年を
超える金額は長期前払費用としているが，管理組合の実務では，貸借対
照表の表示区分を流動・固定で分類せずに，翌期以降分を全額前払金等
として一括表示しているケースが多い。

Q7　積立保険料と満期返戻金

> 保険契約のうち積立保険料はどのように処理すべきか。

A

　損害保険契約には，保険料が掛捨部分（補償保険料）と積立部分（積
立保険料）からなる積立保険という契約がある。

　積立保険のうち掛捨部分（補償保険料）については，保険料として期
間に応じて費用処理すべきものであるが，積立部分（積立保険料）は，
保険期間終了時に返還されるものであるため保険積立金等の勘定科目で
資産計上すべきものである。

　積立部分（積立保険料）は，保険期間終了時に予定利率による運用益
と予定利率を超える運用があった場合の収益（契約者配当）を加えて満
期返戻金として返還される。

　したがって，元本である積立保険料と満期返戻金の差額は，保険の運
用益であり，保険期間の終了時に保険積立金運用益等の名目で収益とし
て計上すべきである。

　なお，実務上は雑収入などの勘定科目で処理するケースも多い。

Q8　予備費の使い方

予備費という勘定科目はどのように使うのが適切か。

A

　費用のうち予算を超過する部分については，予備費を使って計上する会計処理が実務では多く見受けられる。

　しかしこの場合，当該費用が予算を超過して発生してしまったという実態が決算書上は明らかにならない。適切な予算管理の観点からは，予算超過部分も予備費を使わずに，当初の勘定科目のまま計上することが望ましい。

《図表2-6-1》予算を超過した場合

（例）予算：修繕費100，予備費50。実績：修繕費110

（予算超過額を予備費で処理した場合→予算超過の実態がわからない）

収支計算書

	予算額	決算額	差異
修繕費	100	100	－
…			
予備費	50	10	40

（予算超過額を修繕費で処理した場合→予算超過の実態がわかる）

収支計算書

	予算額	決算額	差異
修繕費	100	110	▲10
…			
予備費	50	－	50

　また予算作成時に想定し得ない費用についても，予備費を使って処理してしまうと，いかなる費用が発生したのかが不明瞭になってしまうため，新規に科目を設けて費用処理することで，その実態を明瞭に表示す

ることが望ましい。

《図表2-6-2》想定し得ない支出があった場合

（例）予算作成時には想定し得なかった税金10が発生した場合

（想定し得ない費用を予備費から支出→費用の実態がわからない）

収支計算書

	予算額	決算額	差異
…			－
…			
予備費	50	10	40

（想定し得ない費用について新規に科目を設ける→費用の実態がわかる）

収支計算書

	予算額	決算額	差異
公租公課	－	10	▲10
…			
予備費	50	－	50

　このように予備費とは，常に予算のためだけに用いられるべき科目であり，予算超過部分や想定し得ない費用の会計処理に用いられるべきではない。すなわち予備費の決算額は常に0（ゼロ）となるのが望ましい。

　また管理組合の予算は，決算を何回も経ることで精緻化されていくものである。竣工後間もない時期は，予算作成時には想定し得ない費用が発生するのは止むを得ず，予備費とはこのような初期段階において予算化されるべきものであり，必ずしも毎年予算化される科目ではない。

Q9 会計区分

> 収支予算案を作成するにあたって，特定の費用の予算を管理費会計に計上すべきか修繕積立金会計に計上すべきか，判断に迷うことがある。どのような判断が適切か。

A

会計区分を判断するにあたっては，管理規約における定めを参照する必要がある。標準管理規約に準拠した管理規約であれば，区分所有者から徴収した資金の使途が具体的に定められているので，当該費用がこれらの使途と照らし合わせていずれの会計区分に該当するかを判断することになる。

例えば，標準管理規約では，管理費会計に計上される「通常の管理に要する経費」として以下の費用を列挙している（第27条）。

一　管理員人件費

二　公租公課

三　共用設備の保守維持費及び運転費

四　備品費，通信費その他の事務費

五　共用部分等に係る火災保険料，地震保険料その他の損害保険料

六　経常的な補修費

七　清掃費，消毒費及びごみ処理費

八　委託業務費

九　専門的知識を有する者の活用に要する費用

十　管理組合の運営に要する費用

十一　その他第32条に定める業務に要する費用（次条に規定する経費を除く。）

また，修繕積立金会計に計上される「特別の管理に要する経費」として以下の費用を列挙している（第28条）。

> 一　一定年数の経過ごとに計画的に行う修繕
> 二　不測の事故その他特別の事由により必要となる修繕
> 三　敷地及び共用部分等の変更
> 四　建物の建替え及びマンション敷地売却（以下「建替え等」という。）に係る合意形成に必要となる事項の調査
> 五　その他敷地及び共用部分等の管理に関し，区分所有者全体の利益のために特別に必要となる管理

Q10　余剰金の振替

> 管理費会計の余剰金を修繕積立金会計に振り替えた場合，収支計算書上はどのような表示方法が適切か。

A

　大規模修繕工事に備えるため，管理費会計の余剰金を修繕積立金会計に振り替えることがある。これに対して，実務における収支計算書では一般に，下記3種類のうちいずれかの表示方法が用いられている。

《図表2-6-3》余剰金の振替

（A法）収入及び支出の一項目として表示する方法

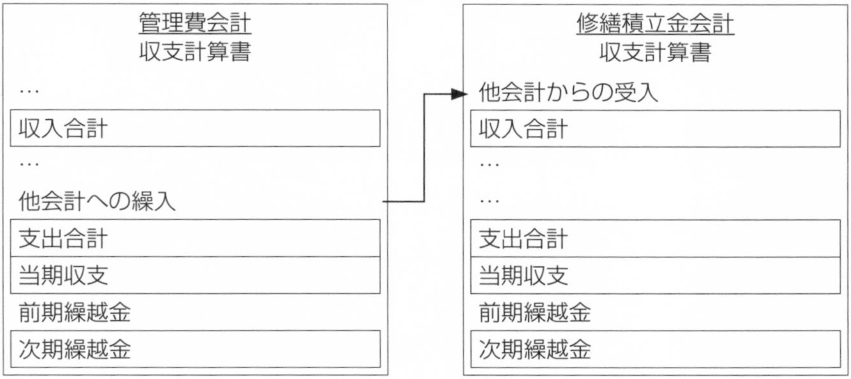

（B法）その他の収入及び支出とは区分しつつも，収入及び支出の合計に含めて表示
　　　　する方法

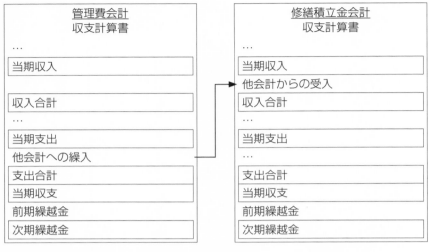

（C法）期間損益（当期収支）の計算要素には含めないで表示する方法

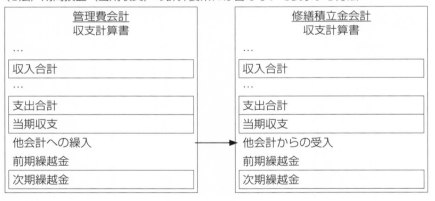

　　管理費会計の余剰金とは，管理組合が正常な活動を行った結果生じた
資金の余剰であり，正常な活動を行った結果は具体的に収支計算書の期
間損益（当期収支）によって表される。したがって，余剰金の振替を期
間損益の計算要素から除外して表示するC法が最も望ましい。

　　なお，標準管理規約第61条では「管理費に余剰を生じた場合には，そ

の余剰は翌年度における管理費に充当する」としているが，これは修繕積立金会計への繰入を行った後の余剰金について規定されたものであると思料される。

Q11　管理費・修繕積立金の滞納

管理費と修繕積立金を滞納している区分所有者の未収金が貸借対照表に計上されているが，どのような会計処理が適切か。

A

企業会計では，貸倒れの可能性が高く，回収不能額を合理的に見積もれる債権については貸倒引当金を計上することとされている。

管理組合においても，回収不能額が合理的に見積もれる場合には，貸倒引当金を計上することも考えられるが，一般的には滞納者がマンションを売却することにより，次の所有者から滞納分を回収できる可能性が高く，必ずしも回収不能とはならないため，貸倒引当金を計上する根拠は乏しいと思料される。

一方で，何らかの事情で当該未収金が回収できないことが明確である場合，もしくは法律的に債権が消滅している場合には，貸倒損失等の勘定科目で損失処理をすべきである。

Q12　管理費・修繕積立金の一部入金

区分所有者が支払うべき管理費・修繕積立金を全額支払わず，一部金額のみ支払った場合，管理費と修繕積立金のどちらから入金処理をすべきか。

A

　管理規約等において，管理費と修繕積立金の充当について優先順位が定められている場合には，その定めに従うことになるが，当事者（区分所有者と管理組合）間で別途充当順位を合意することも可能である。

　いずれにしても当月分の管理費と修繕積立金の優先順位については重要性が乏しいため管理組合が任意に決定しても問題視される可能性は乏しいと思料される。

　なお，前月分以前の滞納がある場合には，新しい管理費等から充当するか，古い管理費等から充当するかにより，遅延損害金等が影響を受けるため充当方法は慎重に判断する必要がある。

　この点についても，管理規約等に定めがあればその定めに従うことになるが，別途，当事者間で充当順位を合意することも可能である。

　滞納の一部入金の場合には，充当順位により当事者（区分所有者と管理組合）間の利益が相反するため，可能な限り充当順位を当事者間で事前に合意しておくことが望ましい。

Q13　集金代行会社を使っている場合

> 　管理費等の徴収については集金代行会社を使っており，翌月分が当月25日に区分所有者の口座から引き落とされ，管理組合の口座に振り込まれるのは翌月10日である。この場合，どのような会計処理が適切か。

A

　集金代行会社に管理費等の徴収を依頼している場合，区分所有者の口座から引き落とされて，管理組合の口座に振り込まれるまでの間に月をまたぐことがある。

《図表2-6-4》管理組合への入金が月をまたぐ場合

（例）4月分の管理費等を3月25日に引落，管理組合の口座には4月10日に振込

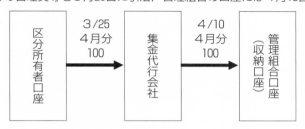

　上記の例では，3月末現在，区分所有者の口座から引き落とされた管理費等は集金代行会社が預かっているため，管理組合は集金代行会社に対して金銭債権を有することになる。したがって，原則的な会計処理は以下のとおりである。

> （借方）未収金　100　／　（貸方）前受金＊　100

＊集金代行会社から振り込まれるべき管理費等は翌4月分のため収益ではなく前受金

　なお，実務上は集金代行会社からの入金時に会計処理するケースも多い。

Q14　他会計預け金と他会計預り金

　毎年多額の「他会計預け金」と「他会計預り金」が貸借対照表に計上されているが，このような貸借対照表は適切といえるか。

A

　「他会計預け金」とは他の会計区分に一時的に預けた金銭等で返却されるべきものをいい，「他会計預り金」とは他の会計区分から一時的に預かった金銭等で返却すべきものをいう。これらは会計区分と預貯金口

座が一致しないことから生じる差異ともいえる。

　例えば，修繕積立金会計に計上される費用は修繕積立金会計の口座か
ら出金されるべきであるが，事務処理上の都合などにより管理費会計の
口座から出金した場合，管理費会計には他会計預け金が，修繕積立金会
計には他会計預り金がそれぞれ計上される。これらは一時的な会計区分
間の金銭の貸借であるから，随時口座間で資金を振り替えて精算するの
が望ましい。

Q15　固定資産と減価償却

> 　管理組合が購入した事務機器や防犯カメラなどの什器備品は，貸借対照表に
> 資産計上して減価償却していく必要はないか。

A

　管理組合会計では，購入した什器備品や資本的支出に該当するような
大規模修繕工事などをすべて資産計上せずに，消耗品費や修繕費として
費用処理する実務慣行が定着している。これは管理組合会計の本来の目
的に適合した実務といえる。

　そもそも管理組合会計は，管理規約で定められた使途のために組合員
から徴収した資金を使用した結果としての収支の状況，及び将来の修繕
等に備えて保管されている資金等の財産の状況を，適切に把握して組合
員に報告することによって，管理組合の活動状況を明らかにすることを
目的とするものである。すなわち管理規約で定められた使途と無関係な
資金や財産の状況を把握し報告することは本来の目的とするところでは
ない。

　したがって，貸借対照表に計上すべき資産も，管理組合会計本来の目
的に適合した，管理規約で定められた使途に充当することが可能な資産

に限定するのが妥当である。

　ただし資産の範囲を限定すると，事務机，椅子，収納キャビネット，コピー機，防犯カメラなど管理組合が所有する資産が貸借対照表に計上されなくなる。そこで，そのような資産を管理する必要がある場合には，「什器備品台帳」などを別途作成することが考えられる。

Q16　勘定科目が不適切な場合

> 　管理業務を委託している管理会社が作成する決算書の勘定科目名が適切とは思えないが，管理会社に勘定科目の変更を依頼すべきか。

A

　多くの管理会社は社内において管理組合用の勘定科目処理マニュアル等を整備しており，当該マニュアルに沿った会計処理及び決算書の作成を行っている。

　しかし，決算書の勘定科目としてどのような勘定科目を使用すべきかは，個々の管理組合が決定できるものであるから，管理会社の作成する決算書の勘定科目が不適切だと判断する場合には，管理会社に適切な勘定科目への変更を依頼すべきである。

　一方，管理会社の作成する決算書は，多くの管理組合で受け入れられているものであることも考慮すべきである。

　特に，管理組合の総意ではなく，特定の区分所有者の意見である場合には，そうした変更の要求を行うことが，管理組合運営にとって有益か否かを慎重に判断すべきである。

　なお，こうした問題が生じないよう，あらかじめ管理会社と管理組合で勘定科目処理マニュアル等の内容を合意しておくことも有益である。

Q17 管理会社を変更した場合

> 　管理会社を変更したため，決算書の様式や勘定科目が従前と変わってしまった。留意すべき会計的な問題はあるか。

A

　統一された管理組合の会計基準は存在しないため，決算書の様式や勘定科目体系は管理会社ごとに異なる。

　したがって，管理会社を変更した場合には，決算書の様式や勘定科目の継続性が維持されない可能性がある。

　しかし，決算書は管理組合の経済状況を区部所有者が判断するために作成されるものであるから，その判断材料として利用可能な水準で作成されているかぎり，決算書の様式や勘定科目が多少異なったとしても問題はないと思料される。

　一方で，変更される管理会社が引継ぎに協力的でない場合も多く，その場合，過去の決算書の内容が不明となってしまうリスクがある。

　特に未収金や前払金，未払金など，貸借対照表の勘定科目については，その内訳まで適切に引き継がれないと新たな管理会社では確認することが不可能となる場合があるため，管理会社変更時にはこうした点に留意する必要がある。

コラム　**管理会社への会計処理変更要請**

　管理組合の役員は，輪番制で仕方なく就任するものと捉えている方々がいる一方，近年は，積極的に手を挙げて組合活動に取り組む方も増えているようである。

　このこと自体は歓迎すべきことであるが，こうした方が独りよがりの主張をするケースも散見される。結果として管理組合にとって望ましい主張であれば全く問題はないが，無駄に管理会社の負担を増加させ，結果として管理組合の不利益につながるケースも少なくない。

　例えば，管理組合の会計に関しては，管理会社が作成した決算書について，様式の変更や勘定科目の変更を要請するケースが見受けられる。

　もちろん，管理会社の会計処理が不適切であれば，こうした要請は当然であるが，どちらでも良いような枝葉末節のことを取り上げて，声の大きな役員が管理会社へ要請すると，管理会社としても対応せざるを得ないようである。

　結果として管理会社の負担が増えるだけでなく，会計システムで作成した決算書をさらに管理組合の要望に変更する作業により，エラーが生じる可能性も高くなってしまうのである。

　管理会社側も理不尽な要請は毅然として断れるよう，しっかり理論武装しておくべきであろう。

第3章

マンション管理組合
の
監査

1　管理組合の監査制度
2　標準的な会計監査手続
3　外部専門家による監査
4　外部会計監査のフレームワーク
5　新しい管理方式と監査
6　管理組合の監査Q&A

1 管理組合の監査制度

(1) 管理組合の組織

　マンション管理組合は，建物並びにその敷地及び附属施設（以下「共用部分等」という）の管理を行うことを目的に区分所有者全員で構成される団体である（区分所有法第3条）。

　この管理組合の活動は，いわば区分所有者全員による共同事業であり，この共同事業体である管理組合を適切に運営するためのしくみが必要とされる。

　区分所有法では，集会を開き，規約を定め，及び管理者を置くことができるとしているが（区分所有法第3条），具体的な組織形態は規定していない。

　そこで管理組合は任意に管理規約を定め，その中で組織体系を規定することになる。

　標準管理規約では以下のような組織を想定しており，多くの管理組合は同様の組織体系を採用している。

《図表3-1-1》マンション管理組合の組織

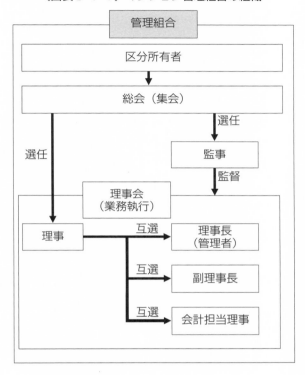

(2)　監事の位置づけ

標準管理規約では、「監事は、管理組合の業務の執行及び財産の状況を監査し、その結果を総会に報告しなければならない。」と定めている（第41条第1項）。

多くの管理組合は同様の管理規約を定め、監事による監査を行っているが、管理規約は区分所有者が守るべき区分所有者間の私的なルールに過ぎず、法律で強制されるものではない。

したがって、区分所有者間の合意により、監事による監査を行わないことも可能である。

　なお，管理組合は法人化することが可能であるが，その場合には理事
及び監事の設置が法律上義務づけられている（区分所有法第49条，第50
条）。

(3)　監査の対象

　管理組合は，監事による監査の対象も任意に決定できるが，管理規約
に基づき監事による監査を行っている一般的な管理組合では，以下の標
準管理規約のように，管理組合の業務の執行状況の監査（業務監査）及
び財産の状況の監査（会計監査）を行っているケースが多い。

標準管理規約
第6章　管理組合
第3節　役員
（監事）
第41条　監事は，管理組合の業務の執行及び財産の状況を監査し，その結果を
　　　総会に報告しなければならない。
2　監事は，いつでも，理事及び第38条第1項第二号に規定する職員に対して
　　業務の報告を求め，又は業務及び財産の状況の調査をすることができる。
3　監事は，管理組合の業務の執行及び財産の状況について不正があると認め
　　るときは，臨時総会を招集することができる。
4　監事は，理事会に出席し，必要があると認めるときは，意見を述べなけれ
　　ばならない。
5　監事は，理事が不正の行為をし，若しくは当該行為をするおそれがあると
　　認めるとき，又は法令，規約，使用細則等，総会の決議若しくは理事会の決
　　議に違反する事実若しくは著しく不当な事実があると認めるときは，遅滞な
　　く，その旨を理事会に報告しなければならない。
6　監事は，前項に規定する場合において，必要があると認めるときは，理事
　　長に対し，理事会の招集を請求することができる。
7　前項の規定による請求があった日から5日以内に，その請求があった日か
　　ら2週間以内の日を理事会の日とする理事会の招集の通知が発せられない場
　　合は，その請求をした監事は，理事会を招集することができる。

> 第7章　会計
> （会計報告）
> 第59条　理事長は，毎会計年度の収支決算案を監事の会計監査を経て，通常総
> 　　会に報告し，その承認を得なければならない。

　また，管理組合法人の場合は，以下のとおり，区分所有法により監事の職務が定められ，会計監査と業務監査を行うことが義務づけられている。

> 区分所有法
> （監事）
> 第50条　管理組合法人には，監事を置かなければならない。
> ２　監事は，理事又は管理組合法人の使用人と兼ねてはならない。
> ３　監事の職務は，次のとおりとする。
> 　一　管理組合法人の財産の状況を監査すること。
> 　二　理事の業務の執行の状況を監査すること。
> 　三　財産の状況又は業務の執行について，法令若しくは規約に違反し，又は
> 　　著しく不当な事項があると認めるときは，集会に報告をすること。
> 　四　前号の報告をするため必要があるときは，集会を招集すること。
> ４　第25条，第49条第６項及び第７項並びに前条の規定は，監事に準用する。
>
> （監事の代表権）
> 第51条　管理組合法人と理事との利益が相反する事項については，監事が管理
> 　　組合法人を代表する。

(4)　監査手続と監査報告書

　標準管理規約（管理組合法人については区分所有法）において，監事は業務監査及び会計監査の結果を総会に報告することになっているが，具体的な監査手続，監査報告書の様式及び記載方法については記載がない。

　管理組合として特段の定めがないかぎり，監事が実施する監査手続，監査報告書の様式及び記載方法は，監事が自由に決定できるが，管理会

社に管理を委託している場合には，管理会社が監事のための監査マニュアルや監査報告書のひな型を用意しているケースも見受けられる。

　また，一般社団法人マンション管理業協会は，監事のための「管理組合監査主要項目チェックリスト」及び「監査報告書（案）」を公表しており，この資料を参考に監査を実施しているケースもあると思料される（144〜145頁の参考資料参照）。

(5)　監査制度の課題と対策

①　監事の専門的知識

　前述したように現在の管理組合の監査は，区分所有者から選任された監事が実施するという方法が一般的である。

　これはPTAや町内会等でも見受けられる小規模な非営利組織の一般的な枠組みであるが，管理組合は継続的に区分所有者から資金を集め，これを共用部分等の維持管理に計画的に使用するという経済活動を行う共同事業体であり，経済的な側面でPTAや町内会等とでは全く性質の異なる団体である。

　したがって，本来管理組合には，こうした経済的な活動を合理的に遂行するための能力としくみが必要とされる。

　しかし，区分所有者も総会で選任される役員（理事，監事）も，マンションという建造物の維持管理に関する建築的知識や，多額の財産管理を行うための財務知識を持ち合わせているとは限らない。

　そのため，多くの管理組合は管理会社に業務を委託する（委託管理）ことになるが，その結果，監事の主な監査対象は，管理会社（及び理事会）の業務執行状況と管理会社が作成する決算書になる。

　すなわち，専門的知識が豊富な管理会社が実施した業務や決算書の適否を専門知識が劣る監事が検証するというしくみが現在の一般的な監査制度の実態である。

② 外部専門家の活用

一方，このような従来からの課題に加え，マンションの高経年化による管理の困難化，マンションの高層化・大規模化等による管理の高度化・複雑化に対応するため，平成28年3月，区分所有者以外の外部専門家を活用すべく，マンション管理に関連する諸制度の改正が行われ，適正化指針の「一　マンションの管理の適正化の基本的方向」において，外部専門家を活用する場合の留意事項が明記された。

また同時に，標準管理規約が改正され，組合員ではない外部専門家が，管理組合の役員や管理者に就任できることとする場合の規定例等が整備された（第35条，全般関係コメント，別添1ほか）。

さらに，これら諸制度の改正を踏まえて国土交通省が平成29年6月に公表した「外部専門家の活用ガイドライン」では，監事を区分所有者から選任できない場合の外部機関による外部監査や，役員派遣を受ける場合の派遣元団体による内部監査などについても言及されている。

参考資料 管理組合監査 主要項目チェックリスト・監査報告書（案）

（様式例1） 管理組合監査 主要項目チェックリスト

監査実施日：令和○○年○○月○○日

監事

		項目		着眼点	確認	監事所見
業務監査	1	管理規約関係	①	管理規約の改正が行われている場合、最新の管理規約が保管されている	☐	
			②	管理規約の保管場所が建物の見やすい場所に掲示されている	☐	
	2	管理会社との管理委託契約関係	①	管理会社との委託契約及び適正化法上提出される書類等が管理されている	☐	
			②	管理費、修繕積立金等1ヶ月相当分の保証に関する書面がある（管理会社へ委託していて保証が必要な場合）	☐	
	3	総会関係	①	総会の開催期日及び招集通知は管理規約に基づいた期間内に発信されている	☐	
			②	総会の議事録は議長及び出席した2名の区分所有者が署名押印している	☐	
			③	総会の議事録の保管場所が建物の見やすい場所に掲示されている	☐	
	4	理事会関係	①	業務の執行は適切に行われている	☐	
			②	理事会の議事録は議長及び出席した2名の理事が署名押印している	☐	
	5	建物・設備等の維持管理関係	①	総会で承認された事業計画に基づき共用施設等の維持管理が行われている（建物・設備などの点検、法定の届出等）	☐	
			②	修繕工事は管理組合総会で承認された事業計画に基づき実施され、報告書等履歴は担当理事等で保管、管理している	☐	
	6	長期修繕計画関係		長期修繕計画が作成されており、適宜見直しがされている計画期間は25年以上	☐	
	7	図書の保管状況		適正化法第103条に定める、宅地建物取引業者から交付を受けた設計図書（竣工図面等）が担当理事又は管理事務室等で管理されている	☐	
	8	帳票類の作成・保管		什器備品台帳、組合員名簿等が適切に作成・保管・更新されている	☐	
	9	損害保険の付保関係		総会で承認された予算に基づき共用部分等に火災保険、損害保険等が付保されている（満期に伴い更新されている）	☐	
	10	防災関係	①	防火管理者の選任届及び消防計画が所轄の消防署に届出されている（消防法関係の指摘事項が改善されている）災害対策マニュアルを作成している	☐	
			②	消防計画に基づき消防避難訓練等を実施している	☐	
	11	その他		防犯、安全、コミュニティ形成などにかかる業務を適切に実施している	☐	
会計監査	12	会計関係	①	管理費、修繕積立金等は総会で承認された予算に基づき徴収及び支出が行われており、未達成の科目は妥当な理由がある	☐	
			②	修繕積立金等は総会の承認に基づき運用されている	☐	
			③	会計期末における現預金の残高は貸借対照表の計上額と金融機関が発行する残高証明書の額と一致している	☐	
			④	管理に要する費用の支払は請求書等に基づき処理されており、領収書が発行された場合は当該領収書が保管されている現金収入がある場合、当該領収書控などが保管されている	☐	
			⑤	理事長が改選された場合は、銀行預金等の名義変更が行われている	☐	
			⑥	保管口座又は収納・保管口座の印鑑（キャッシュカードその他これらに類するものを含む）は管理組合が保管している	☐	
			⑦	管理組合が管理している通帳・有価証券がある場合、それらと印鑑は理事等で別々に保管している	☐	
			⑧	管理費等の滞納がある場合は、滞納者に督促等の請求が行われている。滞納が長期となった場合、所定の手続きにより回収を行っている	☐	

（出所）一般社団法人マンション管理業協会 業務関連資料

（様式例２）

令和〇〇年〇〇月〇〇日

＿＿＿＿＿＿＿＿＿管理組合
理事長　＿＿＿＿＿＿＿　殿

監査報告書(案)

監事　＿＿＿＿＿＿＿　印

　第〇〇期（令和〇〇年〇〇月〇〇日～令和〇〇年〇〇月〇〇日）管理組合の業務並びに
会計の監査を行った結果、次のとおり報告します。

1.監査の方法の概要
　①　業務監査について、理事会等に出席し、理事から業務の報告を聴取し、関係書類な
　　ど必要と思われる資料の閲覧により業務執行の妥当性を検討しました。
　②　会計監査について、帳簿並びに関係書類の閲覧により会計報告書の正確性を検討し
　　ました。

2.監査結果
　①　事業は適切に実施されており、理事の職務執行に関して不正行為や規約に違反する
　　重大な事実はないことを認めます。
　②　収支計算書、貸借対照表は、会計記録に基づいて作成されており、管理組合の収支
　　および財産の状況を正しく示しているものと認めます。

以　上

（出所）一般社団法人マンション管理業協会　業務関連資料

2 標準的な会計監査手続

(1) 監事の監査方法

　一般的な管理組合の監事は，管理組合の業務の執行状況の監査（業務監査）及び財産の状況の監査（会計監査）を実施する。

　このうち業務監査については，理事会への出席等を通じて管理会社や理事会の業務執行状況を確認することになるが，その他にどのような手続をどの程度実施すれば十分であるかについて客観的な判断基準はない。

　したがって，専門的な知識が乏しい監事自身が業務監査を実施する場合には，前述の一般社団法人マンション管理業協会のチェックリストや管理会社が提供する監事向け監査マニュアル等を活用することが効率的であると思料される。

　一方，会計監査については，同様のチェックリスト等を利用することも可能であるが，管理組合の会計は定型的かつ単純な取引が多いため，会計の専門家でなくてもある程度有効な監査を実施することが可能である。

　そこで以下では，管理会社へ管理業務を委託している一般的な管理組合の監査スケジュールと決算書を想定し，会計知識をあまり持たない監事であっても実施可能な会計監査手続を紹介する。

　なお，当該手続をすべて実施することを推奨するものではなく，監事が実施する監査手続の参考情報として示すものである。

　また，監査リスクは管理組合の状況により異なるため，以下の監査手続を実施した場合でも，会計上の問題点が発見されない可能性がある。

(2)　監査スケジュール

　監事による会計監査の標準的なスケジュールは概ね以下のようになる。

《図表3-2-1》監事による会計監査スケジュール

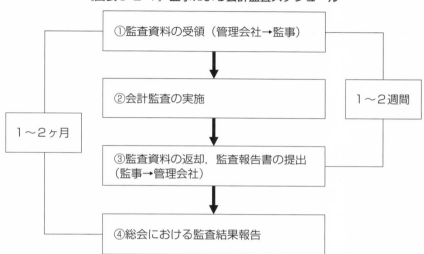

①　監査資料の受領（総会1〜2ヶ月前頃）

　監事は，管理会社の決算作業終了後遅滞なく，監査資料を入手する。

　一般的な管理会社の決算作業は通常，決算期末日以後1〜2ヶ月くらいで終了する。

②　会計監査の実施（約1〜2週間）

　提出を受けた監査資料をもとに，後述の会計監査の手続を実施する。

　監査の実施期間は監事が決定することになるが，監査報告書を総会資料として配布するため，印刷日程等による時間的制約も考慮しなければならない。

③　監査資料の返却，監査報告書の提出

すべての監査手続が終了したら，管理会社が準備した監査報告書に署名・捺印を行い，監査資料とともに管理会社に返却する。

④　総会における監査結果報告

総会において，監事による監査結果の報告を行う。

(3)　監査対象の決算書

　図表3-2-2の決算書は2つの会計区分（管理費会計，修繕積立金会計）を前提に極力，一般的と思われる勘定科目を想定している（貸借対照表については便宜的に区分していないが，通常は区分されている）。

　なお，実際には管理組合ごとに，決算書の様式，使用する勘定科目の名称及び会計処理方法は異なる場合があるので留意されたい。

《図表3-2-2》会計監査対象の決算書の例

収支計算書
第●期（●年●月●日〜●年●月●日）

●●管理組合
管理費会計

（単位：円）

勘定科目	予算額	決算額	差異	備考
管　　理　　費				
駐 車 場 利 用 料				
施 設 利 用 料				
受 取 利 息				
受 取 保 険 金				
雑　　収　　入				
収 入 合 計				
管 理 委 託 費				
水 道 光 熱 費				
損 害 保 険 料				
消 耗 品 費				
修　　繕　　費				
支 払 報 酬				
組 合 諸 経 費				
雑　　　　　費				
予　　備　　費				
支 出 合 計				
当 期 収 支				
他会計への繰入				
前 期 繰 越 金				
次 期 繰 越 金				

収支計算書
第●期（●年●月●日～●年●月●日）

●●管理組合
修繕積立金会計
（単位：円）

勘定科目	予算額	決算額	予実差異	備考
修 繕 積 立 金				
収 入 合 計				
修 繕 工 事 費				
支 出 合 計				
当 期 収 支				
他会計からの受入				
前 期 繰 越 金				
次 期 繰 越 金				

貸借対照表
●年●月●日現在

●●管理組合
（単位：円）

資産の部		負債・正味財産の部	
勘定科目	金額	勘定科目	金額
現　　　　　　金		未 　払 　金	
預　　　　　　金		前 　受 　金	
未 　収 　入 　金		預 　り 　金	
前 　払 　金		仮 　受 　金	
預 　け 　金		他 会 計 預 り 金	
仮 　払 　金			
有 　価 　証 　券			
保 険 積 立 金			
他 会 計 預 け 金		次 期 繰 越 金	
資産の部合計		負債・正味財産の部合計	

(4)　全般的監査手続

①　監査資料の入手

　監査実施に際し，管理会社から監査に必要な以下のような資料を入手する。

> ● 当期及び前期の決算書（収支計算書，貸借対照表）
> ● 会計帳簿（総勘定元帳，現金出納帳，未収金明細書等）
> ● 総会議事録，理事会議事録等
> ● 証憑綴り（請求書，領収書等を綴ったファイル等）
> ● 管理規約
> ● 管理委託契約書
> ● 金融機関関連資料（預金通帳，残高証明書，保険証券等）
> ● 大規模修繕工事契約書
> ● 工事完了報告書

　これらの資料はあくまで例示であり，管理組合毎の状況に応じて監査に必要な資料は異なる場合がある。

②　収支計算書と貸借対照表の照合

　収支計算書の次期繰越金と貸借対照表の次期繰越金は一致しなければならないため，これを照合して一致することを確認する（**図表3-2-3**）。

《図表3-2-3》収支計算書と貸借対照表の照合

収支計算書
（●年●月●日〜●年●月●日）

●●管理組合
管理費会計 （単位：円）

勘定科目	予算額	決算額	予実差異	備考
支　出　合　計				
当　期　収　支				
他会計への繰入				
前　期　繰　越　金				
次　期　繰　越　金				

一致確認

貸借対照表
●年●月●日現在

●●管理組合 （単位：円）

資産の部		負債・正味財産の部	
勘定科目	金額	勘定科目	金額
現　　　　　金		未　払　金	
預　　　　　金		前　受　金	
未　収　入　金		預　り　金	
前　払　金		仮　受　金	
預　け　金		他会計預り金	
仮　払　金			
有　価　証　券			
保　険　積　立　金		次　期　繰　越　金	
他会計預け金			
資産の部合計		負債・正味財産の部合計	

　以下のような場合には，収支計算書の次期繰越金と貸借対照表の次期繰越金が一致しないことがある。

> - ●総勘定元帳に記帳しない（会計システム外）で決算書を直接修正する場合
> - ●会計システムから出力される決算書をもとに別途管理組合独自の決算書を作成する場合

③　前期収支計算書と当期収支計算書の照合

前期収支計算書の次期繰越金と当期収支計算書の前期繰越金は一致しなければならないため，これを照合して一致することを確認する（**図表3-2-4**）。

以下のような場合には，前期収支計算書の次期繰越金と当期収支計算書の前期繰越金が一致しないことがある。

> - ●前期決算書が最終版でなかった場合
> - ●当期の取引を前期の取引として処理した場合
> - ●総勘定元帳に記帳しない（会計システム外）で決算書を直接修正する場合
> - ●会計システムから出力される決算書をもとに別途管理組合独自の決算書を作成する場合

④　決算書と総勘定元帳との照合

決算書の勘定科目の残高は，会計帳簿である総勘定元帳の各勘定科目の残高と原則として一致するが，これを確認するために，決算書の各勘定科目について総勘定元帳と照合する。

以下のような場合，決算書と総勘定元帳は一致しないことがある。

> - ●総勘定元帳の科目を複数集計して決算書の勘定科目としている場合
> - ●総勘定元帳に記帳しない（会計システム外）で決算書を直接修正する場合
> - ●会計システムから出力される決算書をもとに別途管理組合独自の決算書を作成する場合

《図表3-2-4》前期収支計算書と当期収支計算書の照合

前期　収支計算書
（●年●月●日～●年●月●日）

●●管理組合
管理費会計　　　　　　　　　　　　　　　　　　　　　　　（単位：円）

勘定科目	予算額	決算額	差異	備考
支　出　合　計				
当　期　収　支				
他会計への繰入				
前　期　繰　越　金				
次　期　繰　越　金				

一致確認

当期　収支計算書
（●年●月●日～●年●月●日）

●●管理組合
管理費会計　　　　　　　　　　　　　　　　　　　　　　　（単位：円）

勘定科目	予算額	決算額	差異	備考
支　出　合　計				
当　期　収　支				
他会計への繰入				
前　期　繰　越　金				
次　期　繰　越　金				

⑤　計算調べ（計算チェック）

収支計算書の計算チェック及び貸借対照表の計算チェックを行う。

会計システムから出力した収支計算書と貸借対照表に計算誤りがある

ことは通常想定されないが，以下のような場合，計算誤りが生じる可能性がある。

- ●会計システムから出力される決算書をもとに別途管理組合独自の決算書を作成する場合

⑥　収支計算書の予算と実績の比較分析

一般的な管理組合の収支計算書は予算と実績の対比形式で作成されている。

管理組合は原則として，総会で承認された予算に基づき業務執行が行われるため，予算と実績の比較分析は非常に重要な手続である。

予算と実績の差異が生じた理由を管理会社へ質問し，その差異の発生理由が合理的か否かを確かめる必要がある。

⑦　収支計算書の月次推移分析

収支計算書の月次推移表が作成されている場合には，月次推移表を査閲し，異常な著増減（毎月同額であるべき勘定科目に著増減がある場合等）の合理性を管理会社への質問により確かめることも有効である。

(5)　個別監査手続

全般的な手続を実施した後に，収支計算書及び貸借対照表の各勘定科目毎の監査を実施する。

全般的手続において，決算書の各勘定科目と会計帳簿である総勘定元帳が一致することを確かめているので，次に，総勘定元帳が実際の取引に基づき適切に記録されているかを検証する。

なお，総勘定元帳に記録されたすべての取引を検証することは時間的制約があり困難な場合が多いため，金額的な重要性や質的な重要性を勘

案して任意にサンプルを抽出して検証することも効率的な監査手続である。

①　収支計算書科目の監査手続

　以下に収支計算書の勘定科目ごとの特徴と具体的な監査手続を記載する。収支計算書の収入科目については網羅性（計上漏れがないか），支出科目については実在性（本当に取引があるか）が重要な検証ポイントである。

　現金等の不正流用がある場合，収支計算書の収入科目の過少計上又は支出科目の過大（架空）計上により，つじつまをあわせることがある。

A)　管理費・修繕積立金

【科目の特徴】

　管理費・修繕積立金は，毎月同額を区分所有者から徴収するため現金主義で処理していない限り予算と実績の差異は生じない。

　もし差異が生じている場合には，その原因を確認する必要がある。

　また，期中で管理費・修繕積立金を改定している場合には，改定時から適切に金額が変更されていることを確かめる必要がある。

　なお滞納がある場合については，未収入金で検証する。

【主な監査手続】

☑管理会社が作成している任意の月の管理費・修繕積立金の区分所有者別の集計表を入手し合計金額が，当該月の総勘定元帳計上額と一致することを確かめる。

☑管理会社が作成している任意の月の管理費・修繕積立金の区分所有者別の集計表を入手し，任意の区分所有者の請求金額と管理規約で定められた金額との一致を確かめる。

☑上記金額が通帳の入金額と一致することを確かめる。

B)　駐車場利用料

【科目の特徴】

　駐車場利用料は区分所有者と管理組合の契約に基づき利用者から徴収するものである。

　区分所有者が期中に解約したり，新たに契約を開始することがあるため，予算と実績に差異が生じることはある。

　駐車場利用料は管理費・修繕積立金と同時に徴収するケースが多く，その場合には，管理費・修繕積立金と同時に検証することが効率的である。

【主な監査手続】

☑管理会社が作成している任意の月の駐車場利用料の区分所有者別の集計表を入手し合計金額が，当該月の総勘定元帳計上額と一致することを確かめる。

☑管理会社が作成している任意の月の区分所有者別集計表を入手し，任意の区分所有者の請求金額と管理規約で定められた金額との一致を確かめる。

☑上記金額が通帳の入金額と一致することを確かめる。

☑管理会社が管理している駐車場利用料の申込書又は契約書を入手し，区分所有者別の集計表に反映されていることを確かめる。

☑月中に利用開始した区分所有者の有無を確認し，日割り計算が適切に行われていることを確かめる。

C)　施設利用料

【科目の特徴】

　施設利用料は区分所有者から徴収する共用施設の利用料である。

　これは単発的な取引となるため，予算と実績が一致することは少ない。

　また，施設利用料の支払方法が現金の場合には，不正が生じるリスクが比較的高くなる。

【主な監査手続】

☑総勘定元帳の月次計上額の推移を分析し異常がないことを確かめる（不正等がある場合には特定月の計上額が著しく低い場合がある）。

☑管理会社が作成している任意の月の施設利用料の集計表を入手し，合計金額が当該月の総勘定元帳計上額と一致することを確かめる。

☑利用申込書から任意の取引を抽出し，総勘定元帳（又は施設利用料の集計表）に記載されていることを確かめる。

☑現金取引で管理組合が領収書を発行している場合には，領収書（控）から任意の取引を抽出し，総勘定元帳（又は施設利用料の集計表）に記載されていることを確かめるとともに利用金額が管理規約の金額と一致することを確かめる。

☑現金取引の場合，業務フローを管理会社への質問により確かめ，必ず領収書が発行されていることを確かめる（領収書を発行しないことが可能な場合には着服等が生じるリスクが高くなる）。

☑施設利用料を管理組合の預金口座に入金する方法を質問し，適切に入金されていることを通帳により確かめる。

D)　受取利息

【科目の特徴】

　受取利息は預金，国債，マンションすまい・る債などで資産運用をしている場合に生じるものである。

　現在は金利水準が低いため予算，実績とも少額になる傾向がある。

　利息は通常，指定した口座へ入金されるため財産毀損のリスクは低いが，証書型の定期預金等は現金で受け取れることもあるので留意する必要がある。

　なお，実務上，受取利息は現金主義で処理されることが多い。

【主な監査手続】

☑総勘定元帳より任意の取引を抽出し，通帳の入金額と一致することを
　確かめる。

☑元本に年利率を乗じた金額が当該元本の受取利息計上額と近似するこ
　とを確かめる。

E)　受取保険金

【科目の特徴】

　受取保険金は，損害保険契約に基づく保険対象事故が発生した際に受
領するものであるため，通常，予算と実績は一致しない。

　共用部分が毀損する事故に対応して受領することが原則であるため，
通常は受取保険金と対応する修繕工事が発生する。

【主な監査手続】

☑総勘定元帳より任意の取引を抽出し，保険会社が発行する保険金支払
　通知と一致すること及び通帳の入金額が一致することを確かめる。

☑理事会議事録等で保険対応となる事故の有無を確認し，事故がある場合
　には，当該事故に対応する受取保険金が計上されていることを確かめる。

☑修繕費の総勘定元帳又は科目明細を入手し保険対応工事の有無を確認
　し，対応する受取保険金が計上されていることを確かめる。

F)　雑収入

【科目の特徴】

　雑収入は，上記以外の取引により管理組合が受領する収入である。

　単発的な取引や，勘定科目が設定されていない収入が計上されるため
通常，予算と実績は一致しない。

　自治体からの助成金，収益事業の収入（自動販売機設置収入，携帯電話
基地局設置収入等），その他雑多な収入が計上されることが多い。

【主な監査手続】

☑総勘定元帳より任意の取引を抽出し，通帳の入金額と一致すること及び入金先から交付された証憑に記載された金額と一致することを確かめる。

☑継続した取引による収入の場合には，契約書を入手し契約書の内容と一致する入金であることを確かめる。

G) 管理委託費

【科目の特徴】

　管理を委託している管理会社に対する委託業務料である。

　通常は毎月定額の年間契約であり，予算と実績は一致する。

【主な監査手続】

☑総勘定元帳より任意の取引を抽出し，通帳の出金額と一致すること及び管理委託契約書の月額と一致することを確かめる。

☑管理委託契約書，管理事務報告書，理事会議事録等を査閲し，請求・計上された業務が実際に実施されていることを確かめる。

H) 水道光熱費

【科目の特徴】

　共用部分等で使用する水道，ガス，電気の使用料である。

　実際の使用料は変動するため，予算と実績は一致しないが，前期実績に基づき予算計上されている場合には多額な差異が生じることは少ない。

　実務上は現金主義で計上されることも多い。

【主な監査手続】

☑総勘定元帳より任意の取引を抽出し，通帳の出金額と一致すること及び領収書又は請求書と金額が一致することを確かめる。

I）　損害保険料

【科目の特徴】

　損害保険契約に基づき支払う保険料であり，年払い又は複数年払いの契約が多い。

　複数年契約の損害保険であれば予算と実績は原則として一致する。

　損害保険契約には，満期に償還される積立部分が含まれることもあるが，積立部分は資産となり，損害保険料には計上されない。

　また，損害保険料部分は，保険対応期間に応じて日割り又は月割りで按分計上される。

【主な監査手続】

☑損害保険契約証書を入手し，年払いの場合，総勘定元帳から支払を行った際の取引を抽出し，通帳の出金額と一致すること及び保険契約書又は請求書と金額が一致することを確かめる。

☑損害保険契約証書を入手し，複数年契約の場合は，１年分が損害保険料に計上されていることを確かめる。

☑複数年契約の初年度の場合は，通帳の出金額と保険契約書又は請求書と金額が一致することを確かめる。

J）　消耗品費

【科目の特徴】

　管理を行ううえで短期間に消費する事務用品や什器備品等を購入した場合に計上されるものである。

　竣工当初は比較的多額となるケースもあるが，一定期間経過すると毎期同程度の金額となるため，通常は，予算と実績に大きなかい離は生じない。

【主な監査手続】

☑総勘定元帳より任意の取引を抽出し，通帳の出金額と一致すること及

び領収書又は請求書と金額が一致することを確かめる。

K) 修繕費・修繕工事費

【科目の特徴】

共用部分の修繕を行った場合に計上されるものである。

通常の修繕は管理費会計に計上され，長期修繕計画に基づく修繕工事費は修繕積立金会計に計上されることが多い。

管理費会計に計上される通常の修繕費は単発的に発生するため，予算と実績が一致することは少ない。

修繕積立金会計に計上される長期修繕計画に基づく修繕工事費は，計画的に発生するものであり，予算と実績は通常一致する。

【主な監査手続】

☑管理費会計の修繕費については，総勘定元帳より任意の取引を抽出し，通帳からの出金額と一致すること及び請求書と金額が一致することを確かめる（金額が多額な場合には工事完了報告書や理事会議事録等を査閲し実際に工事が実施・完了されていることを確かめる）。

☑受取保険金がある場合には，対応する工事が計上されているか管理会社への質問及び総勘定元帳の査閲等により確かめる。

☑修繕積立金会計の長期修繕計画に基づく修繕工事費については，総勘定元帳の計上金額が通帳の出金額と一致すること及び大規模修繕契約書の契約金額と一致することを確かめ，さらに工事完了報告書や理事会議事録等を査閲し実際に工事が実施・完了されていることを確かめる。

L) 支払報酬

【科目の特徴】

滞納している管理費等の回収業務を弁護士に依頼したり，税務申告業務を税理士に依頼する場合など，管理組合が外部の専門家に報酬を支払

う場合に発生する。

　非定型的な取引であるため，総会決議を行ったうえで契約締結するケースも多く，予算と実績が一致することもある。

【主な監査手続】

☑総勘定元帳より任意の取引を抽出し，通帳の出金額と一致すること及び契約書，請求書と金額が一致することを確かめる。

M)　組合諸経費

【科目の特徴】

　理事会や総会の運営に係るお茶代やコピー代，役員への報酬等を計上する。

　一般的には毎期発生額が大きく変化することは想定されず，予算と実績の大きな差異は生じない。

　科目の性格上，現金での取引となるケースが多い。

【主な監査手続】

☑総勘定元帳より任意の取引を抽出し，領収書又は請求書と金額が一致することを確かめる。

N)　雑　費

【科目の特徴】

　雑費は，上記以外の支出を処理する科目である。

　単発的な取引や，勘定科目が設定されていない支出が計上されるため通常，予算と実績は一致しない。

【主な監査手続】

☑総勘定元帳より任意の取引を抽出し，通帳の出金額と一致すること及び領収書又は請求書と金額が一致することを確かめる。

O)　他会計からの受入・他会計への繰入

【科目の特徴】

　主に管理費会計から修繕積立金会計へ余剰資金を移動する場合に，収支計算書の当期収支の以降の項目として記載される。

　通常は，総会で決定したうえで実行されることになるため，予算と実績は一致する。

【主な監査手続】

☑他会計からの受入と他会計への繰入の金額が一致することを確かめる。

②　貸借対照表科目の監査手続

　以下に貸借対照表の勘定科目ごとの特徴と具体的な監査手続を記載する。

　貸借対照表の資産科目につては実在性（本当に資産があるか），負債科目については網羅性（計上漏れがないか）が重要な検証ポイントである。

　現金等の不正流用がある場合，貸借対照表の資産科目の過大（架空）計上又は負債科目の過少計上により辻褄を合わせることがある。

A)　現　金

【科目の特徴】

　現金は不正等が発生するリスクが高いため，多くの管理会社はなるべく現金取引が生じないような運用を行っているが，共用施設利用料の受領や，理事会等の会議でのお茶代など，現金取引で行わざるを得ない場合もある。

【主な監査手続】

☑管理組合で保管している現金残高を監査実施日時点でカウントし，現金出納帳及と一致していることを確認し，当該現金出納帳の期末残高（決算日時点の金額）が総勘定元帳の期末残高と一致することを確かめ

る。

☑現金出納帳を査閲し，異常な入出金の有無を確認する。

B) 預 金

【科目の特徴】

　預金は管理会社の破綻や不正等により毀損するリスクがあるため，マンション管理適正化法により，「収納口座」，「保管口座」，「収納・保管口座」が定義され，口座の名義人，通帳・銀行届出印・キャッシュ・カードの保管方法，保証契約の締結義務等が定められている。

　管理組合は普通預金のほか，ペイオフ対策のための決済性預金や，余剰資金を運用するための定期預金を保有しているケースも少なくない。

【主な監査手続】

☑管理会社に通帳，銀行届出印，キャッシュ・カードの管理方法を質問し，適正化法に定められた方法により管理されていることを確かめる。

☑総勘定元帳の期末残高と金融機関が発行する残高証明書の金額が一致することを確かめる。

☑定期預金証書の現物があることを確かめる。

☑預金通帳を査閲し，異常な入出金の有無を確かめる（可能であれば一定期間の取引を総勘定元帳と照合し一致することを確かめる）。

C) 未収入金

【科目の特徴】

　主に，管理費，修繕積立金，駐車場利用料等の区分所有者から未回収の金額が計上される。

【主な監査手続】

☑未収入金の発生原因及び入金予定日を管理会社に確かめる。

☑管理会社が作成している未収入金の相手先別明細書を入手し，総勘定

元帳の期末残高と一致することを確かめる。

☑未収入金の相手先別明細書から任意の相手先を抽出し，区分所有者別
の請求・入金を管理する帳票との整合性を確かめる。

D) 前払金
【科目の特徴】

　管理組合の前払金には，損害保険契約の支払額のうち，期末日時点以降の期間に対応する保険料や期末日までに支払った工事代金のうち，未検収（未完了）の工事代金等が計上される。

【主な監査手続】

☑前払金の発生原因及び内容を管理会社に確かめる。

☑管理会社が作成している前払金の明細書を入手し，総勘定元帳の期末
残高と一致すること及び通帳の出金額と一致することを確かめる。

☑保険料の前払金については，保険証券の支払保険料総額と保険期間に
基づき計算チェックを行う。

☑工事代金の前払金については，契約書を査閲し約定どおりの支払と
なっていること及び決算期末日時点で工事が未完了であることを確か
める。

E) 預け金
【科目の特徴】

　預け金は管理組合が一時的に預けた金銭等であり，管理組合が収納代行会社を利用している場合等に計上されることがある。

　例えば，収納代行会社が区分所有者口座から管理費等を月末に引き落とし，翌月初に管理組合口座に入金するような場合には，当該入金額が月末時点での収納会社に対する預け金となる。

【主な監査手続】

☑ 預け金の発生原因及び入金予定日を管理会社に確かめる。

☑ 管理会社が作成している預け金の相手先別明細書を入手し，総勘定元帳の期末残高と一致することを確かめる。

☑ 相手先別明細書の金額と預け先が発行する預かり証（収納代行の場合は回収金計算書等）の金額が一致することを確かめる。

F)　仮払金

【科目の特徴】

　支出時点で勘定科目又は処理すべき金額が未定の場合に一時的に使用する勘定科目である。

　仮払金は一時的に使用するものであり，決算時に未精算のまま残されることは望ましくない。

【主な監査手続】

☑ 仮払金の発生原因及び精算予定日内容を管理会社に確かめる。

☑ 仮払金の金額が通帳の出金額と一致することを確かめる。

G)　有価証券

【科目の特徴】

　管理組合が余剰資金を運用する目的で所有する国債，マンションすまい・る債等が計上される。

　管理組合がリスクの高い金融商品に投資することは稀であり，比較的リスクが低いとされる国債や住宅金融支援機構が発行するマンションすまい・る債で運用されることが多い。

【主な監査手続】

☑ 管理会社が作成する有価証券の明細書を入手し総勘定元帳の期末残高と一致することを確かめる。

☑証券会社に預けている国債等については，証券会社の残高証明書や取引報告書を入手し金額が一致することを確かめる。

☑マンションすまい・る債については住宅金融支援機構が発行する残高証明書や積立手帳を入手し金額が一致することを確かめる。

☑総勘定元帳を査閲し期中で有価証券の増加取引がある場合には，取引報告書及び通帳の出金額と一致することを確かめる。

☑総勘定元帳を査閲し期中で有価証券の減少取引がある場合には，取引報告書及び通帳の入金額と一致することを確かめる。

☑有価証券の減少額と通帳の入金額に差額がある場合には，当該差額が売却（又は償還）損益等として計上されていることを確かめる。

H)　保険積立金

【科目の特徴】

　損害保険契約に積立部分がある場合の積立保険料が計上される。

　原則として満期には積立保険料を予定利率で運用した運用益が加算された金額が満期返戻金として支払われ，予定利率を超えて運用の収益があった場合には満期返戻金に加えて契約者配当金が支払われることになる。

【主な監査手続】

☑保険積立金の金額が保険証書に記載される満期返戻金の金額と近似することを確かめる。

☑保険積立金の金額が保険会社作成の見積書等記載の積立保険料と一致することを確かめる。

☑総勘定元帳を査閲し期中で保険積立金の増加取引がある場合には，保険契約書及び通帳の出金額と一致することを確かめる（通常は掛捨保険部分との合計額が出金される）。

☑総勘定元帳を査閲し期中で保険積立金の減少取引がある場合には，保険会社作成の取引計算書と通帳の入金額と一致することを確かめる。

☑保険積立金の減少額と通帳の入金額に差額がある場合には，当該差額
　が解約返戻金等として計上されていることを確かめる。

I）　他会計預け金
【科目の特徴】
　他の会計区分に対する債権がある場合に計上される。
　例えば，管理費会計の預金口座に入金されるべきものが修繕積立金会
計の預金口座に入金された場合に，管理費会計では他会計預け金，修繕
積立金会計では他会計預り金が計上されることになる。
【主な監査手続】
☑他会計預け金が他会計預り金と一致することを確かめる。

J）　未払金
【科目の特徴】
　未払の金銭債務が計上される。
　原則として請求書に基づき計上されるため，請求書の入手が遅延する
場合には，計上漏れが生じることがある。
【主な監査手続】
☑管理会社が作成している未払金の相手先別明細書を入手し，総勘定元
　帳の期末残高と一致することを確かめる。
☑未払金の相手先別明細書から任意の相手先を抽出し，請求書と金額が
　一致すること及び当期に計上すべきものであることを確かめる。
☑管理会社が保管している翌期計上の請求書綴りを入手し，当期に計上
　すべき請求書が含まれていないか確かめる。

K）　前受金

【科目の特徴】

　区分所有者が管理費・修繕積立金を前払する場合等，翌期以降に収益計上されるものが入金されている場合に計上される。

【主な監査手続】

☑前受金の発生原因及び当期に計上すべきものがないか管理会社に確かめる。

☑管理会社が作成している前受金の相手先別明細書を入手し，総勘定元帳の期末残高と一致することを確かめる。

☑前受金の相手先別明細書から任意の相手先を抽出し，通帳の入金額と一致することを確かめる。

L）　預り金

【科目の特徴】

　管理組合が一時的に受け入れた金銭等がある場合に計上される。

【主な監査手続】

☑預り金の発生原因及び返金予定日を管理会社に確かめる。

☑管理会社が作成している預り金の相手先別明細書を入手し，総勘定元帳の期末残高と一致することを確かめる。

☑預り金の相手先別明細書から任意の相手先を抽出し，通帳の入金額と一致することを確かめる。

M）　仮受金

【科目の特徴】

　受入時点で勘定科目又は処理すべき金額が未定の場合に一時的に使用する勘定科目である。

　仮受金は一時的に使用するものであり，決算時に計上されることは望

ましくない。

【主な監査手続】

☑仮受金の発生原因及び当期の収入とすべきものがないか管理会社に確
　かめる。

☑仮受金の金額が総勘定元帳の期末残高と一致することを確かめる。

☑仮受金の金額が通帳の入金額と一致することを確かめる。

N)　他会計預り金

【科目の特徴】

　他の会計区分に対する債権がある場合に計上される。

　例えば，管理費会計の預金口座に入金されるものが修繕積立金会計の
預金口座に入金された場合に，管理費会計では他会計預け金，修繕積立
金会計では他会計預り金が計上されることになる。

【主な監査手続】

☑他会計預り金が他会計預け金と一致することを確かめる。

コラム　**管理組合財産の不正流用と対策**

　管理組合財産の不正流用があったとのニュースを稀に耳にすることがあるが，報道されていない管理組合財産の不正流用は決して少なくない。

　多くの場合，特定の区分所有者や管理会社担当者が現金や預金を自由に取扱いできる場合に生じやすい。

　しかも少額な金額を引き出して戻すような行為を行っている場合には，決算時点では正常に見受けられるため発見されづらい。

　現金・預金の不正流用の対策としては，現金・預金の取扱いルールの整備・運用であるが，これを区分所有者で行うことは大変な作業である。

　最も経済合理性の高い方法は，信頼のおける管理会社に管理委託をし，現金・預金の取扱いを任せることであろう。

　管理会社担当者の不正等も生じてはいるが，管理会社にとっては非常に重要な信用問題であるため，優良な管理会社は内部統制を強化し，不正等の発生を未然に防ぐ体制を整備している。

　現在の管理会社担当者に不正が起きないしくみがどう整備されているかについて質問してはどうだろうか。

③ 外部専門家による監査

(1) 概　要

　「①(5)監査制度の課題と対策」でも触れたように，現在の監査制度が抱える課題への対応策の１つが，監事以外の外部の専門家による監査，すなわち外部監査の導入である。

　監事による監査と同様，外部監査にも業務監査と会計監査とがあるが，以下では特に公認会計士又は監査法人による会計監査（以下「外部会計監査」という）について整理を行う。

(2)　外部会計監査の現状

　国土交通省が平成31年４月に公表した「平成30年度マンション総合調査」によれば，会計監査の実施者が誰かという質問への回答として，「区分所有者の監事」が95.7％，「公認会計士等による外部監査」が2.4％，「区分所有者以外の監事」が1.3％となっていることから，実際に外部会計監査を導入している管理組合は極めて少ないことがわかる。これまで外部会計監査が普及してこなかった背景には以下の要因が考えられる。

①　任意監査
　外部会計監査は法律で義務づけられた法定監査ではなく任意監査であり，これを導入している管理組合は非常に少ない。

②　煩雑な合意形成
　様々な意見を持った区分所有者によって，すべての意思決定を合議制

で行うという管理組合の特性上，たとえ外部監査の導入が合理的な意思
決定であったとしても，コストに対する感情的な反対意見などから，合
意形成に至るまでのハードルが高い。

③　経済規模の変化

管理組合を取り巻く諸制度が整備された当時は，管理組合の経済規模
はそれほど大きなものではなく，輪番制で区分所有者から選任された監
事による内部監査でも十分に機能することが期待されていた。

④　監事の責任軽視

不正や横領，決算書の改ざんなどが管理会社側に起因するものであれ
ば，損害は管理会社により補償される。また他の役員によるものであっ
ても，監事に重い責任を課すというケースは稀である。このような従来
からの慣行のため，監事の責任が軽視されがちな傾向がある。

(3)　経済実態と会計監査の体制

会計監査は本来，「監査を受ける側」の経済実態に応じてその体制が
整備されなければならない。

一定規模を有する管理組合と他の事業体について，その経済実態と会
計監査の体制を比較すると**図表3-3-1**のようになる。

《図表3-3-1》経済実態と会計監査の体制

	PTA・ 町内会	管理組合 （全部委託）	投資ファンド （任意組合型）	株式会社 （大会社）
年間取引額	数万円〜 数百万円	数千万円〜 数億円	数千万円〜 数億円	数億円〜
財産（純資産）規模	数万円〜 数百万円	数千万円〜 数十億円	数千万円〜 数十億円	資本金5億円 以上
取引の内容	単純	単純	単純	複雑
出納業務実施者	会計担当理事	管理会社に 委託	GP（ファン ド運営会社） に委託	経営者に委託
記帳業務実施者	会計担当理事	管理会社に 委託	GP（ファン ド運営会社） に委託	経営者に委託
出納・記帳実施者の 経理能力	普通	高い	高い	高い
会計監査の性格	任意監査	任意監査	任意監査	法定監査
会計監査実施者	監事	監事	公認会計士又 は監査法人	監査役及び公 認会計士又は 監査法人
会計監査実施者の能力	普通	普通	高い	高い
業務受託者の責任	該当なし	損害賠償責任 あり	損害賠償責任 あり	損害賠償責任 あり
業務受託者の損害賠償 能力	該当なし	一般に高い	一般に高い	普通

　このように比較すると，一定規模の管理組合は，投資ファンド（任意組合型）と同様の経済実態を有しているにもかかわらず，会計監査の体制だけは，PTAや町内会と同じになってしまっていることがわかる。

　経済実態に適合した監査体制を整備するならば，一定規模を有する管理組合の会計監査もまた投資ファンドと同様の体制の整備が検討されるべきである。

(4) 外部会計監査を導入する理由

　一定規模を有する管理組合と同様の経済実態を有する投資ファンド（任意組合型）では，GP（General Partner：ファンド運営会社）と組合員との間で交わす組合契約書の中で，外部会計監査を受ける旨の条項を設けるのが一般的である。

　法律で強制されていないにもかかわらず，投資ファンド（任意組合型）が一般に外部会計監査を導入しているのには以下の理由が考えられる。

> ①　GPには運営業務を受託するものとしての説明責任（アカウンタビリティ）がある
> ②　組合員は会計監査に関する専門知識や経験を有していない。
> ③　組合員は会計監査に費やす手間とコストを省きたい。

　すなわち，投資ファンド（任意組合型）における外部会計監査の実施は，業務受託者たるGPの説明責任と組合員の経済合理性を鑑みた選択の結果であると言える。したがって，投資ファンド（任意組合型）と同様の経済実態を有する一定規模の管理組合においても，外部会計監査の導入が検討される余地は十分にある。

(5) 外部会計監査のメリット

　外部会計監査を受けることには以下のメリットがある。

①　信頼性の確保

　公正中立な立場の専門家が第三者として会計監査を行うことにより，管理組合の決算書の信頼性を確保することができる。

②　組合財産の保全

専門家による高い技術による会計監査が実施されることにより，組合財産の毀損を防ぎ，保全を図ることができる。

③　安定した監査体制の確保

役員のなり手不足や輪番制による役員の交代，区分所有者の退去等の内部事情に左右されることなく，安定して監査を実施することができる。

④　監事の負担軽減

専門家ではない監事が個人の責任で監査意見を表明する必要がなくなり，監事の時間的・精神的負担を軽減することができる。

⑤　資産価値の向上

専門家による会計監査が安定的に実施されることにより，管理の品質を高め，マンションの資産価値を高めることが期待できる。

(6)　外部会計監査の限界

会計監査の目的は，決算書が利用者の判断を誤らせない程度に適正に作成されていることについて意見を表明することであり，必ずしも不正の発見を一義的な目的とするものではない。確かに外部会計監査が実施されているという環境自体が，不正を起こしにくくするという牽制機能を果たしているほか，重要な会計上の問題点の発見が，結果として不正の発覚に繋がるというケースもある。一方で外部会計監査には，本来の目的に照らして，以下のような限界もある。

①　当事者間による共謀・結託

取引の背後で管理組合以外の当事者間による共謀・結託が行われてい

ても発見は困難である。例えば，工事の発注をめぐり工事業者から管理
組合の役員や管理会社，設計コンサルタントなどにリベートが支払われ
ていたとしても，契約書や請求書に基づき事実どおりの工事代金が修繕
費として決算書に計上されていれば，会計上の問題点として認識される
ことはない。

②　適正価格

　提供される役務に対して管理組合が支払っている対価が適正価格であ
るか否かの判定はできない。会計監査では提供される役務の品質の判断
まではできないため，その価格が不当に割高であるとか，他の業者に変
えれば節約の余地があるといった質的な判定もできない。

③　試査による検証

　会計監査では，十分かつ適切な監査証拠を入手しなければならないが，
監査証拠の入手方法は原則として試査によっている。試査とは母集団か
ら一部の項目を抽出して監査手続を実施することであるから，抽出され
ない項目の中には事実に基づかない会計処理が潜んでいる可能性は常に
ある。

(7)　監事による監査との関係

　管理規約で定められている以上，監事は会計監査と業務監査の両方を
行わなければならないが，外部会計監査を導入すれば，監事は会計監査
に割く時間を削減し，業務監査により注力することができる。さらに，
監事は業務監査だけを行い，会計監査については外部会計監査の結果に
依拠できるように管理規約を変更することも考えられる。

4 外部会計監査のフレームワーク

外部会計監査には，公認会計士又は監査法人が職業的専門家として従わなければならない監査のフレームワークが存在する。

そこで以下では，外部会計監査のフレームワークについて監査論的なアプローチにより整理を行う。

(1) 適用される財務報告の枠組み

① 総　論

外部会計監査の実施にあたっては，「適用される財務報告の枠組み」が重要なものとなる。「適用される財務報告の枠組み」とは，財務諸表の作成と表示において，企業の特性と財務諸表の目的に適合する，又は法令等の要求に基づく，経営者が採用する財務報告の枠組みをいう（監基報200「財務諸表監査における総括的な目的」平成23年12月22日日本公認会計士協会監査基準委員会）。

外部会計監査とは保証業務の一環であるが，保証業務とは，適合する規準（例：管理組合会計の基準）によって主題（例：管理組合の財産の状況）を測定又は評価した結果である主題情報（例：収支計算書や貸借対照表）に信頼性を付与することを目的として，業務実施者（例：会計監査人）が，十分かつ適切な証拠を入手し，想定利用者（主題に責任を負う者を除く。）（例：管理組合員）に対して，主題情報に関する結論（例：監査意見）を報告する業務をいう。なお，ここにいう「保証（assurance）」とは主題情報に信頼性を付与することであり，法律上の保証（guarantee）や保険（insurance）とは意味の異なるものである（監査・保証実務委員会研究報告第31号「監査及びレビュー業務以外の保証業務に係る概念的枠組

み」平成29年12月19日日本公認会計士協会）。

　外部会計監査が過去財務情報に対する保証業務の一環であることを勘案すると，「適用される財務報告の枠組み」の内容は非常に重要であり，それはまた外部会計監査における判定基準になるものでもある。

②　分　類

　監査基準並びに監基報800及び同805では，財務諸表作成に適用される財務報告の枠組みは，次のように分類される。

> - 「一般目的の財務報告の枠組み」又は「特別目的の財務報告の枠組み」
> - 「適正表示の枠組み」又は「準拠性の枠組み」

　「一般目的の財務報告の枠組み」及び「特別目的の財務報告の枠組み」は，いずれも，「適正表示の枠組み」であることもあれば，「準拠性の枠組み」であることもある（監基報700「財務諸表に対する意見の形成と監査報告」第6項(1)，監基報800第5項）。

　したがって，監査基準及び監基報において，これらの枠組みは下図に示すとおり，次の4つに分類されることとなる。

> - （一般目的の財務報告の枠組み）×（適正表示の枠組み）
> - （一般目的の財務報告の枠組み）×（準拠性の枠組み）
> - （特別目的の財務報告の枠組み）×（適正表示の枠組み）
> - （特別目的の財務報告の枠組み）×（準拠性の枠組み）

《図表3-4-1》財務報告の枠組み

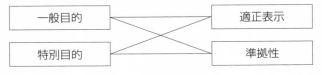

　管理組合に適用される財務報告の枠組みが，この４つのうちいずれに
該当するのか，第２章で実例を挙げて解説した管理組合会計の基準（以
下「管理組合会計基準」という）を前提に検討を行う。

③　管理組合における財務報告の枠組み

A)　一般目的か特別目的か

　監基報において，「一般目的の財務報告の枠組み」は以下のように定
義されている。

> 　「一般目的の財務報告の枠組み」とは，広範囲の利用者に共通する財務情報
> に対するニーズを満たすように策定された枠組みのことをいい，「一般目的の
> 財務報告の枠組み」に準拠して作成される財務諸表を「一般目的の財務諸表」
> という（監基報700第６項，監基報200のА４項）。

　「一般目的の財務報告の枠組み」には，１つ又は複数の特徴が見受け
られるが（監基報210А８項及びА９項），これらの特徴が管理組合会計基
準に該当するか検討した結果が**図表3-4-2**である。

《図表3-4-2》一般目的の財務報告の枠組み

一般目的の特徴	例示	管理組合会計基準
企業が利用すべき基準を公表する権限を有する，又は認知されている会計基準設定主体が設定する財務報告の基準	企業会計基準委員会が設定する企業会計基準，又は国際会計基準審議会が公表する国際会計基準	該当しない
一般目的の財務諸表の作成を定める法令等により，適用される財務報告の枠組みとして認められており，一般目的の財務報告の枠組みではないことを示す反証がないもの	金融庁長官が指定する指定国際会計基準	該当しない
法令等に規定されている一般目的の財務諸表の作成において利用する財務報告の枠組み	会社計算規則	該当しない

　以上より，管理組合会計基準は「一般目的の財務報告の枠組み」には
該当しない。

　一方，監基報において，「特別目的の財務報告の枠組み」は以下のよ
うに定義されている。

　「特別目的の財務報告の枠組み」とは，特定の利用者の財務情報に対するニー
ズを満たすように策定された枠組みのことをいい，「特別目的の財務報告の枠
組み」に準拠して作成される財務諸表を「特別目的の財務諸表」という。なお，
監査基準では，特別目的の財務諸表は，特定の利用者のニーズを満たすべく特
別の利用目的に適合した会計の基準に準拠して作成された財務諸表と説明され
ている（監基報800第5項，監基報200のA4項）。

　「特別目的の財務報告の枠組み」には，1つ又は複数の特徴が見受け
られる（監基報800A1項及びA2項）が，これらの特徴が管理組合会計
基準に該当するか検討した結果が**図表3-4-3**である。

《図表3-4-3》特別目的の財務報告の枠組み

特別目的の特徴	例示	管理組合会計基準
一般目的の財務報告の枠組みの内容のうち，一部の事項を適用除外したもの	会社計算規則及び一般に公正妥当と認められる企業会計の基準のうち，貸借対照表のみを作成し，注記表の一部の項目のみを表示する場合の財務報告の枠組み	該当しない
一般目的の財務報告の枠組みを適用するが，他の財務報告の枠組みにおいて要求されている事項の一部を追加して組み合わせたもの	会社計算規則及び一般に公正妥当と認められる企業会計の基準に基づく計算書類とともに，キャッシュ・フロー計算書を作成する場合の財務報告の枠組み	該当しない
規制当局の定める財務報告に関する規則であるが，確立された透明性のあるプロセスに従って設定されたものとはいえず，会計慣行としても一般に認知されていないもの	特定の法律に基づく事業部門別収支に関する計算規則	該当しない

財務諸表の作成者及び利用者の間で定められた財務報告に関する取り決め	銀行取引基本約定書の財務報告条項に関連して，投資有価証券や土地等，特定の会計処理に関する具体的な取り決めが含まれた財務報告の枠組み，又は，年金基金において理事者が決定して適用する財務報告の枠組み	該当する

　上記検討の結果，それぞれの管理組合が独自に策定する固有の会計基準は，「財務諸表の作成者＝管理者」及び「利用者＝組合員」の間で定められた財務報告に関する取り決めにほかならず，管理組合の財務報告の枠組みは，「特定の利用者＝組合員」に対するニーズを満たすように策定された「特別目的の財務報告の枠組み」に分類することができる。

B)　適正表示か準拠性か

　監基報において，「適正表示の枠組み」と「準拠性の枠組み」は以下のように定義されている（監基報200第12項(13)，監基報700第6項(2)）。

　「適正表示の枠組み」は，その財務報告の枠組みにおいて要求されている事項の遵守が要求され，かつ，以下のいずれかを満たす財務報告の枠組みに対して使用される。
① 財務諸表の適正表示を達成するため，財務報告の枠組みにおいて具体的に要求されている以上の開示を行うことが必要な場合があることが，財務報告の枠組みにおいて明示的又は黙示的に認められている。
② 財務諸表の適正表示を達成するため，財務報告の枠組みにおいて要求されている事項からの離脱が必要な場合があることが，財務報告の枠組みにおいて明示的に認められている。ただし，このような離脱は，非常にまれな状況においてのみ必要となることが想定されている。

　「準拠性の枠組み」は，その財務報告の枠組みにおいて要求される事項の遵守が要求されるのみで，上記①及び②のいずれも満たさない財務報告の枠組みに対して使用される。

　管理組合会計基準では，「適正表示の枠組み」の要件①に該当する追加開示の規定を設けている（第1 総則6．計算書類の注記）。

　しかし，追加開示の規定が定められているという形式だけで，「適正表示の枠組み」であると判断することはできない。仮に追加開示の規定があったとしても，財務諸表作成者が必ずしも明確に適正表示の達成を意図しておらず，慣行的に追加開示が行われていない場合には，「準拠性の枠組み」として取り扱うのが適切である（監査基準委員会研究報告第3号「監査基準委員会報告書800及び805に係るQ＆A」のQ6）。

　管理組合における財務報告の実務慣行では，「財務諸表の作成者＝管理者」が明確な適正表示の意図のもと，「財務諸表の利用者＝組合員」が財産の状況を適正に判断するために必要と認められる事項があるかという観点に立って俯瞰的な評価を行うことが要請されているとは言い難い。もし具体的に注記すべき事項があるならば，それらはすべてあらかじめ会計基準の中に明示規定として定めておくのが望ましい実務的対応と考えられる。

　したがって管理組合の財務報告の枠組みは，「準拠性の枠組み」に分類することができる。

　以上より，管理組合に適用される財務報告の枠組みは，（特別目的の財務報告の枠組み）×（準拠性の枠組み）となる。

《図表3-4-4》管理組合の財務報告の枠組み

一般目的		適正表示
特別目的	—	準拠性

なお前述したように，この検討結果はあくまで第2章で実例を挙げて解説した管理組合の会計基準を前提にしている。会計基準の設定主体や

内容が変われば，適用される財務報告の枠組みも変わる可能性があることに留意しなければならない。

④　受入可能性の検討

特別目的の財務諸表の監査を行う場合，監査人は適用される財務報告の枠組みが受入可能であるかどうか検討することが求められる（監査基準第三実施基準一基本原則8）。

受入可能性の検討にあたっては，その枠組みが受入可能な特性を示しており，財務諸表の利用者にとって利用可能であるかどうかについて検討することが必要となる。

具体的な検討項目（例）と，それらを管理組合に当てはめた場合を示すと**図表3-4-5**のようになる（監基報210A4項及び付録の3．及び4．参照）。

管理会社に管理を委託している標準的な管理組合であれば，上記のとおり，適用される財務報告の枠組みは受入可能であるといえる。

(2)　監査基準

「特別目的の財務諸表に対する監査」「準拠性意見」であっても「一般目的の財務諸表に対する監査」「適正表示意見」と同様の監査の基準が適用され，必要な手続を実施することに何ら変わりはない。

管理組合の外部会計監査についても，わが国において一般に公正妥当と認められる監査の基準に準拠して行われることになる。

(3)　監査手続

監査手続は，マンション管理組合の個別の実情にあわせて選択・適用することとなるが，その具体的な内容については監事による会計監査手続と同じである（② 「標準的な会計監査手続」参照）。

《図表3-4-5》管理組合における枠組みの受入可能性

項目	受入可能性を検討する際に考慮する要素の例示	管理組合の場合
企業の特性	財務報告の枠組みを適用する企業は営利企業か非営利組織か	非営利組織
財務諸表の目的	財務諸表は広範囲の利用者に共通するニーズを満たすことを目的としているか，又は特定の利用者のニーズを満たすことを目的としているか	特定の利用者＝組合員のニーズを満たすことを目的としている。
財務諸表の特性	完全な一組の財務諸表であるか，個別の財務表であるか	完全な一組の財務諸表（収支計算書及び貸借対照表であることが実務上一般的）。
財務報告の枠組みの特性	提供される財務情報に適用される財務報告の枠組みが認知された会計基準設定主体又は法令等に規定されているかどうか	管理組合が固有に策定するものであって，認知された会計基準設定主体又は法令等に規定されていない。
	(1) 目的適合性 　提供される財務情報が企業の事業活動等と財務諸表の目的に適合しているか	監査人は，監査対象となる管理組合の財務報告の枠組みが，左記(1)〜(5)の特性を示しているかどうかを，想定利用者＝組合員の財務情報に対するニーズに照らしたそれぞれの相対的重要性も踏まえた上で検討し，当該枠組みが個々の監査業務において受入可能なものであるかどうかを判断する（監基報800A8項）。 例えば証憑にもとづいた会計処理が行われていなかったり（信頼性），複雑かつ不明瞭な決算書の様式を採用していたり（理解可能性）する場合には，受入可能性を慎重に判断する必要がある。
	(2) 完全性 　財務諸表利用者の結論に影響を及ぼす可能性がある勘定残高等が省略されていないかどうか	
	(3) 信頼性 ① 提供される財務情報が事象及び取引の経済実態を反映しているかどうか ② 類似の状況において首尾一貫した評価，測定，表示及び開示がなされるかどうか	
	(4) 中立性 　偏向のない情報が提供されるかどうか	
	(5) 理解可能性 　明瞭かつ総合的な情報が提供され，著しく異なる解釈をもたらさないかどうか	

(4) 監査報告書

　ここではマンション管理組合に適用される財務報告の枠組みが，（特別目的の財務報告の枠組み）×（準拠性の枠組み）であることを前提に，監査報告書の文例と主なポイントを解説する。

《図表3-4-6》外部会計監査の監査報告書の文例

<u>独立監査人の監査報告書</u>

●年●月●日

<u>●●管理組合　御中</u>

監査法人●●
代表社員
業務執行社員　　公認会計士

監査意見

　当監査法人は，（管理規約第●条の規定に基づき（①））●●管理組合の●●年度（●年●月●日から●年●月●日まで）の管理費会計及び修繕積立金会計に関する計算書類，すなわち，収支計算書及び貸借対照表について監査を行った。

　当監査法人は，上記の計算書類が，すべての重要な点において，（管理規約第●条に定められている）●●管理組合会計基準に準拠して作成されているものと認める（②）。

監査意見の根拠

　当監査法人は，我が国において一般に公正妥当と認められる監査の基準に準拠して監査を行った。監査の基準における当監査法人の責任は，「計算書類の監査における監査人の責任」に記載されている。当監査法人は，我が国における職業倫理に関する規定に従って，組合から独立しており，また，監査人としてのその他の倫理上の責任を果たしている。当監査法人は，意見表明の基礎となる十分かつ適切な監査証拠を入手したと判断している。

強調事項-計算書類作成の基礎

　注記●に記載されているとおり（③），計算書類は，管理規約第●条の規定

に従い，組合が組合員に対して会計報告を行うために（管理規約第●条に定められている）●●管理組合会計基準に準拠して作成されており（④），したがって，それ以外の目的に適合しないことがある（⑤）。当該事項は，当監査法人の意見に影響を及ぼすものではない。

計算書類に対する管理者の責任

　管理者の責任は，（管理規約第●条に定められている）●●管理組合会計基準に準拠して計算書類を作成することにあり（④），また，計算書類の作成に当たり適用される財務報告の枠組みが受入可能なものであるかどうかについて判断することにある（⑥）。これには，不正又は誤謬による重要な虚偽表示のない計算書類を作成するために管理者が必要と判断した内部統制を整備及び運用することが含まれる。

　計算書類を作成するに当たり，管理者は，継続組合の前提に基づき計算書類を作成することが適切であるかどうかを評価し，継続組合に関する事項を開示する必要がある場合には当該事項を開示する責任がある。

計算書類の監査における監査人の責任

　監査人の責任は，監査人が実施した監査に基づいて，全体としての計算書類に不正又は誤謬による重要な虚偽表示がないかどうかについて合理的な保証を得て，監査報告書において独立の立場から計算書類に対する意見を表明することにある。虚偽表示は，不正又は誤謬により発生する可能性があり，個別に又は集計すると，計算書類の利用者の意思決定に影響を与えると合理的に見込まれる場合に，重要性があると判断される。

　監査人は，我が国において一般に公正妥当と認められる監査の基準に従って，監査の過程を通じて，職業的専門家としての判断を行い，職業的懐疑心を保持して以下を実施する。

- 　不正又は誤謬による重要な虚偽表示リスクを識別し，評価する。また，重要な虚偽表示リスクに対応した監査手続を立案し，実施する。監査手続の選択及び適用は監査人の判断による。さらに，意見表明の基礎となる十分かつ適切な監査証拠を入手する。
- 　計算書類の監査の目的は，内部統制の有効性について意見表明するためのものではないが，監査人は，リスク評価の実施に際して，状況に応じた適切な監査手続を立案するために，監査に関連する内部統制を検討する。
- 　管理者が採用した会計方針及びその適用方法の適切性，並びに管理者に

よって行われた会計上の見積りの合理性及び関連する注記事項の妥当性を評価する。

• 　管理者が継続組合を前提として計算書類を作成することが適切であるかどうか，また，入手した監査証拠に基づき，継続組合の前提に重要な疑義を生じさせるような事象又は状況に関して重要な不確実性が認められるかどうか結論付ける。継続組合の前提に関する重要な不確実性が認められる場合は，監査報告書において計算書類の注記事項に注意を喚起すること，又は重要な不確実性に関する計算書類の注記事項が適切でない場合は，計算書類に対して除外事項付意見を表明することが求められている。監査人の結論は，監査報告書日までに入手した監査証拠に基づいているが，将来の事象や状況により，組合は継続組合として存続できなくなる可能性がある。

• 　計算書類の表示及び注記事項が（管理規約第●条に定められている）●●管理組合会計基準に準拠しているかどうかを評価する。

　監査人は，管理者に対して，計画した監査の範囲とその実施時期，監査の実施過程で識別した内部統制の重要な不備を含む監査上の重要な発見事項，及び監査の基準で求められているその他の事項について報告を行う。

利害関係
　組合と当監査法人又は業務執行社員との間には，公認会計士法の規定により記載すべき利害関係はない。

以上

①　監査の根拠

　管理規約で外部会計監査の規定を設けている場合，当該規定が監査の根拠として記述される。

②　準拠性の枠組みにおける監査意見

　財務諸表が最終的にどのような財務報告の枠組みを適用して作成されているかについて認識することができれば，利用者は当該財務諸表がその取り決めに従って作成されているか否かを確認することで，財務諸表を適切に利用することができる。そこで監査報告書においても，財務諸

表が取り決めどおりに作成されているかどうかについて，監査意見が表明されることになる。

　監査意見の内容は財務報告の枠組みが「適正表示の枠組み」か「準拠性の枠組み」の違いで表現が異なる。「適正表示の枠組み」の場合，「適正に表示しているものと認める」という意見となり，「準拠性の枠組み」の場合，「準拠して作成されているものと認める」という意見となる。

　管理組合の財務報告の枠組みは「準拠性の枠組み」と考えられるため（(1)③参照），監査意見も「●●マンション管理組合会計基準に準拠して作成されているものと認める」という意見が表明される。（なお，会計基準が管理規約に規定されていない場合には「管理規約第●条に定められている」旨の記述は不要となる。）

③　計算書類における注記

　適用される財務報告の枠組みに関する記述が監査報告書において求められることは次に述べるが（④参照），同様の記述は財務諸表においても行われなければならない（監基報200のA2項からA3項）。この記述は，財務諸表の利用者に対し財務諸表が準拠している財務報告の枠組みを伝えるために重要である。

　管理組合の計算書類においては，例えば，次のような注記を行うことが考えられる。

> 計算書類の注記（例）
> 　本計算書類は，●●管理組合の組合員が，●●管理組合の財産の状態を把握するために，（管理規約第X条に定められている）●●管理組合会計基準に準拠して作成されている。
> 　本計算書類の作成に当たり採用した重要な会計方針は，以下のとおりである。
> …。

　このような注記に対して監査人は，適用される財務報告の枠組みにつ

いて適切に記述されているかどうかを評価し（監基報700第13項，同800第11項），注記への参照を監査報告書に記載しなければならない（監基報800第12項(1)）。この記載は強調事項区分である「強調事項−財務諸表作成の基礎」区分にて行われる（監基報800付録「特別目的の財務諸表に対する監査報告書の文例」参照）。

④　適用される財務報告の枠組み

　監査済みの財務諸表を適切に利用するためには，利用者が適用される財務報告の枠組みを十分に認識していることが前提となる。

　そこで財務諸表が最終的にどのような財務報告の枠組みを適用して作成されているかについて明確にするため，監査報告書の「強調事項−財務諸表作成の基礎」区分及び「財務諸表に対する経営者の責任」区分に，適用される財務報告の枠組みについての具体的な記述を行うことが求められている（監基報800付録「特別目的の財務諸表に対する監査報告書の文例」参照）。

　管理組合の場合，計算書類は各管理組合固有の会計基準に準拠して作成されている旨を記述することになる。

⑤　財務諸表の作成目的及び配布又は利用の制限の追記

　特別目的の財務諸表は，特定の利用者を想定して作成されている。想定外の者が当該財務諸表を入手し，何らかの意思決定を行った場合，適用される財務報告の枠組みを十分に理解していないために，誤った判断を行う危険がある。

　監査人は，このような想定外の利用による誤解を避けるため，監査対象の財務諸表が特別目的の財務報告の枠組みに準拠して作成されており，他の目的には適合しないことがある旨を監査報告書に記載することで，その利用者に対する注意を喚起しなければならない（監基報800第13項）。

　さらにこのような注意喚起を記載してもなお監査報告書が想定外の者に利用された場合に，誤解を十分に避けられないと監査人が判断する場合には，監査報告書に配布又は利用の制限を付すこととなる（監基報800第14項）。

　これら財務諸表の作成目的及び配布又は利用の制限の追記はいずれも，強調事項区分である「強調事項－財務諸表作成の基礎」区分にて行われる（監基報800付録「特別目的の財務諸表に対する監査報告書の文例」参照）。

　管理組合の計算書類は，組合員の意思決定に利用される目的で作成されるものであり，組合員以外の利用者を想定していない。

　一方で，実際には組合員以外の者が利用するケースもあり得る。例えば中古マンションの売買においては，買主が管理組合の財産の状況を売主に開示するよう求めることがある。この際，決算書と合わせて外部会計監査の監査報告書を開示することは，双方にとって有意義といえる。このようなケースを想定すると，監査報告書に配布及び利用の制限まで付す必要はなく，適用される枠組みに関する通常の注意喚起の記載のみで足りるものと考えられる。

　もし配布及び利用の制限の追記も行ったほうが望ましいと監査人が判断した場合，監査報告書においては，例えば，次のような追記（下線部分）を行うことになる。

計算書類作成の基礎
　（前略）
　本報告書は，組合員のみを利用者として想定しており，組合員以外に配布及び利用されるべきものではない。

---

⑥　受入可能性の判断責任

　特別目的の財務諸表の場合，財務報告の枠組みは財務諸表の作成者と利用者との間で個別に取り決めていくものだが，枠組みの大枠は両者で

取り決めるものの，詳細な内容については作成者が利用者のニーズを想定しながら，最適な枠組みを適宜選択・適用するケースも多くある。このような場合に監査人は，適用される枠組みが状況に照らして受入可能なものであることを判断する責任が作成者にある旨を監査報告書に記載しなければならない（監基報800第12項(2)）。この記載は「財務諸表に対する経営者の責任」区分にて行われる（監基報800付録「特別目的の財務諸表に対する監査報告書の文例」参照）。

　管理組合の計算書類の場合，管理組合固有の会計基準は策定されるものの，会計基準に直接規定のない事項に関しては，当面，企業会計の基準や他の非営利団体の会計基準を参考にしつつ，利用者の判断を誤らせないものと認められる会計処理を管理者が適宜選択・適用することになる。したがって，「計算書類に対する管理者の責任」区分に，適用される財務報告の枠組みの受入可能性の判断責任が管理者にある旨を記載することになる。

(5)　管理者確認書

　監査人は，財務諸表に関連する他の監査証拠を裏づけるため，その他の事項について経営者確認書を入手する必要があると判断した場合，当該確認事項についての経営者確認書を提出するように要請しなければならない（監基報580第12項）。

　特別目的の財務諸表に対する監査や準拠性意見を表明する監査においては，経営者の財務諸表に対する責任が一般目的の財務諸表に対する監査や適正表示意見を表明する監査とは異なるものとなるため，経営者確認書の記述にも留意が必要となる。

　例えば，以下の事項については，経営者確認書における確認の内容が異なるものとなることが想定される（「監査基準委員会報告書の公開草案に対するコメントの概要及び対応について」No.12（日本公認会計士協会　平

成26年4月4日）参照）。

> ● 準拠性意見に関する意見を表明する場合の経営者の責任の確認
> ● 経営者に財務報告の枠組みの選択肢がある場合の経営者の責任の確認
> ● 契約書に定められている財務報告の枠組みに関して経営者が行った重要な解釈（監基報800第9項参照）が財務諸表の利用者のニーズを勘案したものである旨の確認

　これらについて監査人は，監査報告書の文例における経営者の責任区分の記述を参考にするなど，個々の状況に応じて職業的専門家としての判断に基づき，経営者確認書の記述を定めることになる。

　管理組合の外部会計監査においても，監基報580「経営者確認書」の文例を参考にしながら「管理者確認書」の具体的な内容を検討することになる。例えば，「会社法に基づく監査の経営者確認書（計算書類）の記載例」の記述の一部は，**図表3-4-7**のように置き換えることが考えられる。

　なお委託管理の場合，決算書の素案の作成までは管理会社に委託されており，管理者である理事長よりも，管理会社から確認書を入手した方がより有効なケースが多い。このような場合には，管理委託契約の範囲内で管理会社の責任の確認ができるように確認書の記述を定めることになる。

(6)　審査の簡略化

　監査事務所は，原則として，すべての監査業務について監査チームが行った監査手続，監査上の重要な判断及び監査意見を客観的に評価するために，審査に関する方針及び手続 を定めなければならない（品質管理基準委員会報告書第1号「監査事務所における品質管理」第34項）。

　ただし任意監査のうち，監査報告の対象となる財務諸表の社会的影響が小さく，かつ，監査報告の利用者が限定されている監査業務について

《図表3-4-7》管理者確認書

会社法監査の経営者確認書 （監基報580）	管理組合監査の 管理者確認書（例）
計算書類等 　私たちは，令和×年×月×日付の（令和×年×月期に係る）監査契約書に記載されたとおり，会社計算規則及び我が国において一般に公正妥当と認められる企業会計の基準に準拠して計算書類等を作成する責任を果たしました。	計算書類 　私たちは，令和×年×月×日付の（令和×年×月期に係る）監査契約書に記載されたとおり，（管理規約第●条に定められている）●●マンション管理組合会計基準に準拠して計算書類を作成する責任を果たしました。 　また，計算書類の作成に当たり適用される財務報告の枠組みが受入可能なものであると判断しています。
計算書類等は，会社計算規則及び我が国において一般に公正妥当と認められる企業会計の基準に準拠して会社の財産及び損益の状況を適正に表示しております。	計算書類は，（管理規約第●条に定められている）●●マンション管理組合会計基準に準拠して管理組合の財産の状況を適正に表示しております。

は審査を要しないとすることができる。この場合，監査事務所は，審査を要しない監査業務の範囲について，審査に関する方針及び手続に明確に定めなければならない（同第34-2項参照）。

　管理組合の外部会計監査も任意監査であり，監査報告の利用者がほぼ組合員に限定されているため，監査事務所における審査の簡略化が考えられる。

5 新しい管理方式と監査

(1) 第三者管理者方式

　法人ではない管理組合は，管理者を選任することができ（区分所有法25条），選任された管理者は実質的に区分所有者を代表することができる（区分所有法26条）。

　管理者は区分所有者の中から選任されるのが一般的ではある（**図表3-5-1参照**）が，区分所有者以外の第三者（外部専門家）を管理者として選任する「第三者管理者方式」も認められている。

　標準管理規約（単棟型「別添1」）では外部の専門家が管理組合の運営に携わる際の基本的なパターンとして下記の3つを想定している。

《図表3-5-1》第三者管理者方式

①理事・監事外部専門家型 又は理事長外部専門家型	②外部管理者理事会監督型	③外部管理者総会監督型
・理事会有り		・理事会無し（総会のみ）
・管理者＝理事長	・管理者≠理事長	・理事長がいない
・外部専門家は「役員」（理事（理事長＝管理者を含む）又は監事）に就任（理事長の場合＝第三者管理者方式）	・外部専門家は役員ではない ・外部専門家は「管理者」に就任＝第三者管理者方式	
・運営面の不全の改善 ・計画的な大規模修繕等の適切な実施，耐震改修・建替え等の耐震対策等専門的知見が必要な場合を想定	・高い専門性と透明性，区分所有者の利益の保護や最大化のニーズの高いマンション（大規模な新築マンションなどを中心に想定）	・高い専門性と透明性，区分所有者の利益の保護や最大化のニーズが高いが，規模の小さいマンション ・理事長のなり手がいない例外的なケース

　監査との関連でいえば,「②外部管理者理事会監督型」及び「③外部管理者総会監督型」については,【規約の整備等の考え方】として「派遣元団体等による報告徴収や監査（適任者への交替も含む）又は外部監査（別の専門家の一時派遣等）の義務付けについて規定することも考えられる。」とし,特に「③外部管理者総会監督型」については,【規約の整備等の考え方】の中で「監査法人等の外部監査を義務付ける」としてこれを図示している。

《図表3-5-2》外部管理者総会監督型

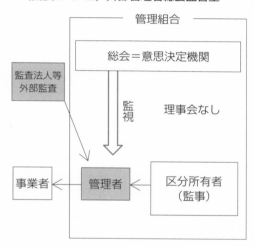

(2)　管理者管理方式

　外部管理者総会監督型において管理者として就任する第三者には,実務上大きく2つのケースがある。

　1つは,マンション管理士等の外部専門家が管理者として就任するケースである。これは,マンションの高齢化に伴って,理事長の担い手確保に苦慮しているうえに,修繕積立金の値上げや滞納の回収が必要といった課題を抱えるようなマンションのケースである。この背景には管

理不全マンションという住宅政策上の重要な課題がある。

　もう1つは，管理会社や施工事業主が管理者として就任するケースである。これは，従前より投資用マンションやリゾートマンションなど，常時居住している区分所有者が少ないマンションでは一般的であったが，最近では富裕層向けマンションやシニア向けマンションなどでも導入されるケースが見受けられる。この背景には，区分所有者が外国人を含む富裕層に限定され，時間的・地理的制約もあり，理事会の運営が非常に難しい一方で，「管理者報酬」というコストに対して「管理からの解放」というベネフィットのほうが大きいと考える区分所有者が大多数という実情があるものと考えられる。

　実務では，後者のケース，すなわち管理会社や施工事業主が管理者として就任する外部管理者総会監督型の管理方式を「管理者管理方式」と呼ぶことが多い。

(3)　管理者管理方式の課題

　管理者管理方式には区分所有者の負担軽減という大きなメリットがある一方で，下記のような特有の課題が存在する。

①　外部管理者に対する監視・監督

　外部管理者を選任する場合には，その者が期待された能力等を発揮して管理の適正化，財産的価値の最大化を実現しているか監視・監督する仕組みが必要である。一般的な管理組合では，業務執行の監視・監督機関としての機能を，理事会及び監事が担っているが（標準管理規約（単棟型）第51条第2項及び第41条），理事会がない管理者管理方式では，理事会に代わって，外部管理者を機動的に監視・監督する体制をいかに構築するかが重要な課題になる。

② 外部管理者による利益相反取引

　管理者は，マンションの資産価値の保全に努めなければならず，管理組合の利益を犠牲にして自己又は第三者の利益を図ることがあってはならない。外部管理者と管理組合の利益相反取引に該当するものとしては，管理者が特別な利害関係を有する業者に工事・物品等を管理組合に不利な価格で発注する，発注先からリベートを授受するなどの取引が挙げられる。とりわけ管理者管理方式では，管理会社が自己に，あるいは施工事業主がグループ会社の管理会社に，委託管理業務を発注することが必然的に常態化するため，利益相反取引の透明性をいかに確保するかが特に重要な課題となる。

　これらの課題に適切に対処するためには，外部管理者自身の内部統制を整備・運用するとともに，管理組合のガバナンスを強化する必要がある。

(4) 外部管理者の内部統制

　利益相反取引の透明性を確保するためには，何よりもまず外部管理者自身の内部に，そのための仕組みを整備し運用しなければならない。この仕組みのことを内部統制という。

　管理者管理方式において特に求められる外部管理者の内部統制として，下記のようなものが考えられる。

《図表3-5-3》管理者管理方式特有の外部管理者の内部統制（例）

業務区分	内部統制（例）
職務分掌	管理会社が管理者となる場合，管理者としての役割を担う部署（管理者部署）と，委託管理業務を行う部署（管理業務部署）とを明確に分離する。
定期書面報告	管理業務部署は管理者部署に対して，業務執行状況や収支状況等について，書面による定期的な報告を行う。報告の内容は，通常総会で決定した事業計画や総会決議事項等の実施状況，組合員等からの提案や苦情の有無・内容，報告対象期間内における収支状況等とする。
工事・物品等の発注先選定	発注については，XX円を超える工事等の場合は，管理業務部署が相見積りを取得することとする。もし区分所有者から要望があれば，その要望に適った比較ができるよう相見積りをとる。 管理者部署は，管理業務部署が入手した見積書を検討し，以下の基準により発注の承認を行う。 　現状復旧および保全行為で予算のXX％未満のもの……管理者部署担当者の承認 　予算のXX％を超えるもの……管理者部署上長の承認
財産の分別管理	管理業務部署は，管理組合の財産と自身の固有財産，又は管理者に就任している他の管理組合の財産とは，明確に分別して管理する。
通帳・印鑑の保管	管理業務部署は，通帳を施錠の可能な場所（金庫等）にて厳重に保管を行い，通帳の保管と鍵の保管を別の担当者に分担させる。 管理者部署は，印鑑を施錠の可能な場所（金庫等）にて厳重に保管を行い，印鑑の保管と鍵の保管を別の担当者に分担させる。
押印の管理	管理者部署は，管理組合の押印の申請及び承認の記録を残す。
通帳等の実査	管理者部署は，管理業務部署が保管する通帳や金融機関発行の預金残高証明書の原本を定期的に実査し，預金口座からの不正な引き出しがない旨や，会計帳簿との整合性を確認する。

(5)　管理組合のガバナンス

　外部管理者を監視・監督する体制を構築し，利益相反取引の透明性を確保するためには，下記のようなガバナンスの強化が管理組合に求められる。

①　適切な監査機関の設計

　理事会がない管理者管理方式において，理事会に代わる監視・監督機能を確保するためには，以下の2つの監査機関のいずれか，または両方を設置することが望ましい。

1）監事

　区分所有者による理事会がない管理者管理方式では，監事は可能な限り区分所有者から選任することが望ましい。しかしながら，そもそも「管理からの解放」を主眼に置いたマンションで，監事だけは区分所有者から選任するというのは実務上困難なことも多い。そのような場合には，専門家（弁護士や公認会計士等）から外部監事を選任することも考えられる。

2）外部監査人

　前述したように，標準管理規約では外部管理者総会監督型の【規約の整備等の考え方】の中で「監査法人等の外部監査を義務付ける」としており，実際に管理者管理方式では監査法人のほか，公認会計士や弁護士等による外部監査を行っている例もある。ただし，外部監査業務をこれらの専門家に委託する場合，監査報酬が追加的に生じるため，監視・監督の水準と経済的な負担との兼ね合いを踏まえて検討する必要がある。

　いずれにせよ，監査機関の構成については，管理規約にて明確に定める必要がある。

《図表3-5-4》管理者管理方式の管理規約（例）〜監査機関の構成

参考：標準管理規約（単棟型）	管理者管理方式の管理規約（例）
第6章　管理組合 第3節　役員 （役員） 第35条　管理組合に次の役員を置く。 　一　理事長 　二　副理事長 ○名 　三　会計担当理事 ○名	第●章　管理組合 第●節　管理者 （管理者） 第●条　管理組合に管理者を置く。

四　理事（理事長，副理事長，会計担 　　当理事を含む。以下同じ。）○名 　五　監事 ○名 （理事長） 第38条 3　理事長は，通常総会において，組合 　員に対し，前会計年度における管理組 　合の業務の執行に関する報告をしなけ 　ればならない。	（管理者の職務） 第●条 ●　管理者は，通常総会において，組合 　員に対し，監事又は第●条に定める業 　務監査人の業務監査を経て，前会計年 　度における管理組合の業務の執行に関 　する報告をしなければならない。
第3節　役員 （監事）	第●節　監事 （監事） 第●条　管理組合に監事を置くことがで 　きる。 2　監事は○名とし，総会の決議によっ 　て，組合員のうちから選任し，又は解 　任する。ただし，組合員から監事を選 　任することができない場合，外部の弁 　護士，公認会計士又は監査法人から， 　監事を選任することができる。 3　前2項にかかわらず，総会において 　監事を選任することができない場合， 　管理者は，組合員又は外部の公認会計 　士，監査法人又は弁護士から，監事を 　指名して選任することができる。 4　組合員以外の者から監事を選任する 　場合の選任方法については細則で定め 　る。 5　選任（再任を除く。）の時に組合員 　であった監事が組合員でなくなった場 　合には，その監事はその地位を失う。
第41条　監事は，管理組合の業務の執行 　及び財産の状況を監査し，その結果を 　総会に報告しなければならない。 2　監事は，いつでも，理事及び第38条 　第1項第二号に規定する職員に対して 　業務の報告を求め，又は業務及び財産 　の状況の調査をすることができる。 3　監事は，管理組合の業務の執行及び 　財産の状況について不正があると認め 　るときは，臨時総会を招集することが 　できる。	6　監事は，管理組合の業務の執行及び 　財産の状況を監査し，その結果を総会 　に報告しなければならない。 7　監事は，いつでも，管理者に対して 　業務の報告を求め，又は業務及び財産 　の状況の調査をすることができる。 8　監事は，管理組合の業務の執行及び 　財産の状況について不正があると認め 　るときは，臨時総会を招集することが 　できる。

（新設）	第●節　外部監査人 （業務監査人） 第●条　管理組合は，第●条第●項に定める監査業務のうち，管理組合の業務の執行の状況の監査を，外部の弁護士，公認会計士又は監査法人に委託することができる。 2．業務監査人は，別に定める業務監査基準に基づき，管理組合の業務の執行状況を監査し，その結果を総会に報告しなければならない。 （会計監査人） 第●条　管理組合は，第●条第●項に定める監査業務のうち，管理組合の財産の状況の監査を，外部の公認会計士又は監査法人に委託することができる。 2．会計監査人は，我が国において一般に公正妥当と認められる監査の基準に基づき，管理組合の財産の状況を監査し，収支決算案が，すべての重要な点において，別に定める管理組合の会計基準に準拠して作成されているか否かを総会に報告しなければならない。
第7章　会計 （会計報告） 第59条 　理事長は，毎会計年度の収支決算案を監事の会計監査を経て，通常総会に報告し，その承認を得なければならない。	第7章　会計 （会計報告） 第●条 　管理者は，毎会計年度の管理組合の収支決算案を監事又は第●条に定める会計監査人の会計監査を経て，通常総会に報告し，その承認を得なければならない。

②　利益相反取引のルール作り

　利益相反取引については，一般的な管理組合でも理事会の事前承認を経るルールを設けている（標準管理規約第37条の2）。

　一方，管理者として自己またはグループ会社との取引が日常的に発生する管理者管理方式においては，管理組合の利益を損なうことなく，かつ管理者の日常的業務の妨げにもならないよう，実務上のバランスがと

れたルールを策定し，これを管理規約にて明確に定めることが望ましい。

《図表3-5-5》管理者管理方式の管理規約（例）〜利益相反取引の開示と承認

参考：標準管理規約（単棟型）	管理者管理方式の管理規約（例）
第6章　管理組合 第3節　役員 （利益相反取引の防止） 第37条の2 　役員は，次に掲げる場合には，理事会において，当該取引につき重要な事実を開示し，その承認を受けなければならない。 一　役員が自己又は第三者のために管理組合と取引をしようとするとき。 二　管理組合が役員以外の者との間において管理組合と当該役員との利益が相反する取引をしようとするとき。	第●章　管理組合 第●節　管理者 （利益相反取引の防止） 第●条 　管理者は，次に掲げる場合（●●万円未満の取引は除く）には，総会において，所定の様式により，当該取引につき重要な事実を開示し，その承認を受けなければならない。 一　管理者が自己又は第三者のために管理組合と取引をしようとするとき。 二　管理組合が管理者以外の者との間において管理組合と管理者との利益が相反する取引をしようとするとき。 2　前項の開示すべき重要な事実は，次に掲げる事項とする。 　一　取引の相手方 　二　目的物 　三　数量 　四　価格 　五　取引期間 　六　取引により得る利益 　七　その他

　このほか区分所有者への情報開示の手段として，一定額以上の利益相反取引について，取引の内容，取引金額，取引条件の決定方針等を計算書類に注記することも，透明性確保のために望ましい。

《図表3-5-6》管理者管理方式の管理組合会計基準（例）〜利益相反取引の注記

参考：管理組合会計基準の実例 （第2章③管理組合の会計基準参照）	管理者管理方式の管理組合会計基準（例）
【第1 総則】 6．計算書類の注記 　計算書類には，その作成に関する重要な会計方針並びに収支及び財産の状況を明らかにするため必要な事項を注記するものとする。	【第1 総則】 6．計算書類の注記 1　計算書類には，その作成に関する重要な会計方針並びに収支及び財産の状況を明らかにするため必要な事項を注記するものとする。 2　次に掲げる場合（●●万円未満の取引は除く）には，計算書類には，取引の内容，取引金額，取引条件の決定方針等を注記するものとする。 　一　管理者が自己又は第三者のために管理組合と取引をしようとするとき。 　二　管理組合が管理者以外の者との間において管理組合と管理者との利益が相反する取引をしようとするとき。

利益相反取引の注記（例）
利益相反取引（●●万円未満の取引は除く）の内容は，次のとおりである。

（単位：円）

属性	法人等の名称	取引の内容	取引金額	勘定科目	期末残高
管理者と同一の関係法人をもつ法人	A社（注1）	修繕工事費の支払（注2）	XX	未払金	XX
管理者と同一の関係法人をもつ法人	B社（注1）	機器備品の購入（注3）	XX	未払金	XX

取引条件及び取引条件の決定方針等
（注1）管理者の関係法人であるC社の子会社である。
（注2）修繕工事費の支払については，A社以外からも複数の見積りを入手し，市場の実勢価格を勘案して発注先及び価格を決定している。
（注3）機器備品の購入については，B社以外からも複数の見積りを入手し，市場の実勢価格を勘案して発注先及び価格を決定している。

⑹　管理者管理方式における監査

①　会計監査

　管理者管理方式であっても，会計監査の手続や報告書の内容は，一般的な管理組合と変わるところがない（第3章「2　標準的な会計監査手続」参照）。ただし，計算書類に利益相反取引を注記している場合は（図表3-5-7），注記範囲及び方法，注記金額が会計監査の対象となる。

②　業務監査

　一般的な管理組合の業務監査については，監事が一般社団法人マンション管理業協会のチェックリスト（第3章　参考資料参照）や管理会社が提供する監事向け監査マニュアル等を用いながら，理事会への出席等を通して行うことになる。

　一方，理事会への出席がなく，利益相反取引が必然的に常態化する管理者管理方式では，一般的なチェックリストやマニュアルに加えて，前述した外部管理者の内部統制の整備及び運用状況に焦点を当てた監査手続が特に求められる。

《図表3-5-7》管理者管理方式特有の業務監査手続（例）

業務区分	内部統制	業務監査手続
職務分掌	管理会社が管理者となる場合，管理者としての役割を担う部署（管理者部署）と，委託管理業務を行う部署（管理業務部署）とを明確に分離する。	管理者委託契約書と管理業務委託契約書を入手し，管理会社の契約当事者がそれぞれ別の部署になっていることを確認する。 管理会社の組織図を入手し，両部署の指揮命令系統が明確に分離され，職務分掌が形式的なものではないことを確認する。

業務区分	内部統制	業務監査手続
定期書面報告	管理業務部署は管理者部署に対して，業務執行状況や収支状況等について，書面による定期的な報告を行う。報告の内容は，通常総会で決定した事業計画や総会決議事項等の実施状況，組合員等からの提案や苦情の有無・内容，報告対象期間内における収支状況等とする。	監査対象年度の月次事業報告書を査閲し，業務執行状況や収支状況等について，左記のような事項を定期的に報告していることを確認する。報告事項に疑義があるときは，管理者に質問する。
工事・物品等の発注先選定	発注については，XX円を超える工事等の場合は，管理業務部署が相見積りを取得することとする。もし区分所有者から要望があれば，その要望に適った比較ができるよう相見積りをとる。管理者部署は，管理業務部署が入手した見積書を検討し，以下の基準により発注の承認を行う。現状復旧および保全行為で予算のXX％未満のもの……管理者部署担当者の承認予算のXX％を超えるもの……管理者部署上長の承認	監査対象年度の収支計算書に計上されている修繕工事・物品購入のうち，XX円を超える取引について，相見積りが取得されていることを確認する。上記取引の承認書類を査閲し，左記の基準に基づき発注の承認がなされていることを確認する。
財産の分別管理	管理業務部署は，管理組合の財産と自身の固有財産，又は管理者に就任している他の管理組合の財産とは，明確に分別して管理する。	財産の分別管理の状況につき質問し，必要と認めたときには管理者部署まで出向き，管理の状況を確認する。
通帳・印鑑の保管	管理業務部署は，通帳を施錠の可能な場所（金庫等）にて厳重に保管を行い，通帳の保管と鍵の保管を別の担当者に分担させる。管理者部署は，印鑑を施錠の可能な場所（金庫等）にて厳重に保管を行い，印鑑の保管と鍵の保管を別の担当者に分担させる。	通帳と鍵の保管状況につき質問し，必要と認めたときには管理業務部署まで出向き，金庫等を観察するとともに，保管の状況を確認する。印鑑と鍵の保管状況につき質問し，必要と認めたときには管理者部署まで出向き，金庫等を観察するとともに，保管の状況を確認する。

業務区分	内部統制	業務監査手続
押印の管理	管理者部署は，管理組合の押印の申請及び承認の記録を残す。	押印簿を査閲し，押印の申請及び承認の証跡を確認する。重要な契約書を抽出し，押印についての承認が適切に実施されていることを確認する。
通帳等の実査	管理者部署は，管理業務部署が保管する通帳や金融機関発行の預金残高証明書の原本を定期的に実査し，預金口座からの不正な引き出しがない旨や，会計帳簿との整合性を確認する。	実査の記録を査閲し，定期的に実査が行われていることを確認する。会計帳簿との整合性の調整が行われている場合には，調整の妥当性を再計算して確認する。

　なお，外部の専門家が監事もしくは外部監査人として業務監査を実施する場合，あらかじめ実施する監査手続を管理者との間で合意しておき，合意された手続の内容と手続を実施した結果を書面で報告することにより，区分所有者や管理者が抱く期待とのギャップを解消し，専門家自身の責任範囲を明確にしておくことが望ましい。

6 管理組合の監査Q&A

Q1 監事の監査手続

> 管理組合の監事が実施すべき監査手続とはどのようなものか。

A

　標準管理規約では，「監事は，管理組合の業務の執行及び財産の状況を監査し，その結果を総会に報告しなければならない」と定めている（第41条１項）。

　したがって，標準管理規約を前提とすると，監事は管理組合の業務の執行状況の監査（業務監査）と管理組合の財産の状況の監査（会計監査）を行うことになる。

　しかし，監事による監査はあくまで管理規約に基づく任意の監査であり，どのような監査手続を実施するかは監事の判断に委ねられている。

　具体的な監査手続としては，一般社団法人マンション管理業協会が公表している「管理組合監査主要項目チェックリスト」（①「参考資料」）や管理会社が準備している監事向けの監査マニュアルなどが参考になると思料されるが，こうした手続で監事の責任が果たせるかは明確ではない。

　本来は，監事の責任範囲を明確にするために，管理組合として監事が実施すべき監査手続をあらかじめ定めておくことが望ましい。

Q2　業務監査の留意点

> 監事が管理組合の業務監査を行う場合に留意すべきことは何か。

A

　一般的に，管理組合の業務執行状況は，定期的な理事会の開催を通じて報告されることとなるため，監事の業務監査としては，理事会に出席し，報告された業務執行状況が適切であるか否かを判断することが重要である。

　管理組合の業務執行状況が適切か否かは，建築や財務の専門的知識が必要な場合もあるが，少なくとも総会及び理事会の決議に沿った業務執行であるか否かは，専門的知識がなくても判断できるであろう。

　また，金額が多額な取引，長期間に及ぶ取引など金額的・質的に重要と思われる取引については，取引先の選定理由，取引先と組合員（区分所有者）との利害関係の有無も併せて確認し，管理組合としての合理性を確かめるべきである。

　なお，監事として理事や管理会社への質問等を行っても業務執行状況の合理性を判断できない場合には，その旨を監査報告書で指摘するなどの方法で総会での判断に委ねるべきである。

Q3 会計監査の留意点

> 監事が管理組合の会計監査を行う場合に留意すべきことは何か。

A

　管理組合の会計監査の目的は，決算書が適切に作成されているか否かについて意見を表明することである。

　しかし，会計知識が十分でない監事の場合，決算書が適切か否かを判断することは容易ではない。

　このため，管理会社へ業務委託している場合には，実効性のある会計監査が行えなくても管理会社の信頼性に依拠して監査意見を表明するという判断もあるであろう。

　このような場合でも，監事としては管理会社へ質問を行い，管理会社として適切に決算書を作成する体制が構築されていることを確かめるべきである。

　特に，管理会社として不正や誤謬が生じないために具体的にどのような仕組みを構築しているかを質問することは有益である（管理会社における会計業務部門とフロント業務部門の分離，担当者ローテンション，会計部門から出力された決算書の修正禁止，発注先の選定基準，通帳と印鑑の保管方法など）。

　また，会計知識の有無にかかわらず決算書利用者の視点で決算書の内容について質問することも推奨される。

　理事会での月次決算報告がある場合には，その都度疑問に思う点を質問し，決算書の内容を理解していくことも有益な監査手続である。

　なお，監事としてより実効性のある監査手続を行う場合には本章の②「標準的な会計監査手続」を参照されたい。

Q4 大規模修繕工事の留意点

> 大規模修繕工事を実施することになったが，監事として留意すべき点は何か。

A

　長期修繕計画に基づく大規模修繕工事は，管理組合が計画的に実施するものである。

　通常は，総会にて大規模修繕工事に係る議案が提出され，総会での承認後に実施される。

　大規模修繕工事は管理組合として非常に重要な事業活動であり，監事は以下の点に留意する必要がある。

（契約前）

- 前提となる長期修繕計画は合理的に作成され適宜見直されたものであるか。
- 大規模修繕工事の実施は必要不可欠で適時なものであるか。
- 大規模修繕工事の監理者の選定方法は適切か。
- 大規模修繕工事の設計・施工者の選定方法は適切か。
- 工事代金の資金計画は適切か。
- 契約条件（工期，支払条件，価格）は適切か。

（契約後）

- 工事の進捗管理は適切に実施されているか。
- 工事の検収・完了報告は適時に行われているか。
- 工事代金の支払いは契約書に従ったものとなっているか。

　特に発注先の選定には十分留意すべきであり，相見積りによる選定は当然のことであるが，形式的な相見積りとならないように，見積書の入手先の選定理由も確かめるべきである。

Q5　現金取引

> 来客用駐車場は有料のため，利用者がその都度管理員に現金を支払っている。監事として留意すべき点は何か。

A

　現金取引は不正が生じやすいため，監事は利用料の受領に係る業務フローを把握し，不正が生じる可能性がないか検討することが望ましい。

　一般的に，現金取引については，以下のような業務を行うことで不正防止が図られている。

- 利用申込台帳の整備
- 領収証（複写式）の発行
- 現金出納帳の整備
- 利用申込台帳，領収書（控），現金出納帳，現金残高との照合（日次）
- 一定期間毎の銀行入金のルール化
- 不定期な内部監査（管理会社担当者等）

　なお，上記のような業務が実施されていても，利用申込台帳への未記入，領収書の破棄，現金出納帳への未記入等により不正を行う余地は残ることに留意する必要がある。

　監事としては，少なくとも不正防止のためにどのような対策を行っているかを会計責任者（管理会社担当者等）に質問することが必要である。

Q6　預金の不正流用

管理組合で預金の不正流用が行われていないか検証するにはどうすればよいか。

A

預金については，金融機関が発行する決算日時点の残高証明書を入手し，決算書に記載されている金額と一致することを確かめる必要がある。

ただし，残高証明書を偽造することにより不正を隠蔽する事例もあるため，残高証明書が原本であることも確かめなければならない。

また，期中に預金を流用し決算日までに戻すという方法で流用の発覚を隠蔽する事例もある。

この場合，決算日時点では預金が毀損していないため残高証明書との照合では不正流用があることを発見できない。

これを発見するためには，一定期間（例えば1ヶ月間）の通帳の入出金記録と会計帳簿（預金勘定）の照合を行い，通帳の入出金記録がすべて会計帳簿に記録されていることを確かめる必要がある。

もし，会計帳簿に記録されていない取引がある場合には，その理由を会計責任者（管理会社担当者等）に確認し，合理的な理由の有無を確認することになる。

Q7 外部監査（会計監査）導入の可否

小規模な管理組合であるが外部監査（会計監査）を導入するメリットはあるか。

A

管理組合の監査は管理規約に基づく任意監査であるため，輪番制で区分所有者から選任された監事が実施することが多い。

都心の大規模マンションなどでは，数十億円の資産規模となる管理組合もあり，経済合理性を勘案して監査法人や公認会計士による外部監査（会計監査）を実施している管理組合もある。

また，小規模な管理組合であっても区分所有者から監事のなり手がいないケースなどでは外部監査（会計監査）が実施されている。

一方，管理会社に管理委託をしていれば，監事による監査の実効性が乏しくても，管理会社の信頼性に依拠できるという考え方もあり，外部監査（会計監査）を導入するか否かは，管理組合としての経済合理性により判断される。

外部監査（会計監査）導入の主なメリットは以下のとおりである。

・決算書の信頼性の確保

・組合財産の保全（不正等の事前防止・牽制効果）

・安定した監査体制の確保

・監事の負担軽減

・資産価値の向上（管理の品質向上）

これらのメリットと監査費用とを比較して判断することになる。

なお，外部監査（会計監査）は，公認会計士又は監査法人以外の者が実施することは公認会計士法により禁じられているので留意が必要である（公認会計士法2①，47の2）。

おわりに

　マンション管理組合を取り巻く環境では，日本社会の高齢化と人口減少及びライフスタイルの変化により，空き駐車場の増加，民泊利用者の増大など，新たな課題が顕在化しつつある。

　さらに，高度経済成長期に立てられた団地型マンションは物理的な耐用年数が近づき，修繕にも限界が生じている。

　バブル期に乱立されたリゾートマンションは，管理費と修繕積立金の滞納，区分所有者の所在不明などマンション存続に係る重要な問題が浮かびあがっている。

　経済が右肩上がりで成長し，人口が増加していく前提で進んできた住宅政策は今，転換点を迎えている。

　600万戸を超えるマンションは，区分所有者の合意形成を進めながらこれらの諸問題に立ち向かわなければならない。

　そもそも区分所有という方法で，共有者が全員でマンションの維持管理を行うという仕組みが正しかったのか，区分所有法そのものの在り方が問われているのではないだろうか。

　マンション管理組合と向き合う中で，マンション管理組合の税務・会計・監査ではカバーできない根本的な問題を実感する。

■編者紹介

税理士法人フィールズ／監査法人フィールズ

一般社団法人マンション管理業協会賛助会員

《主な業務内容》
1．マンション管理会社向け
　　マンション管理組合 収益事業税務申告／マンション管理組合 会計監査／管理者管理マンションの外部監査（会計監査・業務監査）／マンション管理会社向け 税務申告セミナー／マンション管理組合 不正調査サービス
2．マンション管理組合向け
　　会計監査／財務調査／会計監査マニュアル作成／収益事業税務申告／記帳代行／外部役員（内部監査）サービス
3．SPV・任意団体・各種学会等小規模事業体
　　会計監査／その他保証業務
4．ベンチャービジネス・中小企業・NPO法人
　　M＆A／組織再編／事業再生／資本政策／株式評価記帳代行／税務申告／給与計算／年末調整
5．外資系企業
　　連結目的の会計監査（IFRS, US GAAP, etc.)／記帳代行／税務申告
6．上場企業・ベンチャービジネス
　　ストックオプション設計と評価

《連絡先》
住所：東京都中央区日本橋2－1－21　第二東洋ビル5F
電話番号：03－3516－8818（税理士法人フィールズ）
　　　　：03－3231－5570（監査法人フィールズ）
URL：http://www.fields.ac/

■執筆者紹介

河野　幸久 <small>（こうの　ゆきひさ）</small>

税理士法人フィールズ　代表社員／監査法人フィールズ　代表社員
公認会計士・税理士・マンション管理士・宅地建物取引士

- 1968年　埼玉県生まれ
- 1991年　早稲田大学政治経済学部卒業
- 1994年　監査法人トーマツ（現有限責任監査法人トーマツ）入社
- 2004年　フィールズ共同公認会計士事務所設立　代表就任（現　監査法人フィールズ　代表社員（現任））
  日本公認会計士協会　経営研究調査会　中小企業経営専門部会専門委員（〜2006年）
- 2005年　税理士法人フィールズ設立　代表社員就任（現任）
  日本公認会計士協会　非営利法人委員会　公益法人専門部専門委員（〜2006年）

主著
『ベンチャービジネスのための資金調達ガイドブック』（中央経済社・共著）
『株式上場ハンドブック（第2版）』（中央経済社・共著）
『社長と会計士の対話で分かる・2週間でマスター・中小企業の会計に関する指針』（大蔵財務協会・共著）

深野　一朗 <small>（ふかの　いちろう）</small>

税理士法人フィールズ　代表社員／監査法人フィールズ　代表社員
公認会計士・税理士

- 1968年　千葉県生まれ
- 1991年　日本大学経済学部卒業
- 1993年　監査法人トーマツ（現有限責任監査法人トーマツ）入社
- 1999年　Deloitte & Touche SpA（イタリア・ミラノ）駐在
- 2004年　フィールズ共同公認会計士事務所設立　代表就任（現　監査法人フィールズ　代表社員（現任））
- 2005年　税理士法人フィールズ設立　代表社員就任（現任）
  日本公認会計士協会　非営利法人委員会　中間法人専門部会専門委員（〜2008年）
- 2014年　国土交通省　住宅局企画競争有識者委員会　委員就任（2018年　委員長就任。現任）

主著
『欧州主要国の税法』（中央経済社・共著）
『社長と会計士の対話で分かる・2週間でマスター・中小企業の会計に関する指針』（大蔵財務協会・共著）

津村　美昭（つむら　よしあき）

税理士法人フィールズ　代表社員／監査法人フィールズ　代表社員
公認会計士・税理士

　　1974年　神奈川生まれ
　　1996年　横浜市立大学商学部卒業
　　　　　　監査法人トーマツ（現有限責任監査法人トーマツ）入社
　　2016年　税理士法人フィールズ　代表社員就任（現任）
　　　　　　監査法人フィールズ　代表社員就任（現任）

マンション管理組合の経理実務（第2版）
——問題となりやすい税務・会計・監査がわかる

2018年 8 月15日　第 1 版第 1 刷発行
2019年 1 月30日　第 1 版第 3 刷発行
2021年12月15日　第 2 版第 1 刷発行

編　者　税理士法人フィールズ
　　　　監査法人フィールズ

発行者　山　本　　　継

発行所　㈱中央経済社

発売元　㈱中央経済グループ
　　　　パブリッシング

〒101-0051　東京都千代田区神田神保町1-31-2
電話　03 (3293) 3371（編集代表）
　　　03 (3293) 3381（営業代表）
https://www.chuokeizai.co.jp
印刷／三英印刷㈱
製本／㈲井上製本所

© 2021
Printed in Japan

＊頁の「欠落」や「順序違い」などがありましたらお取り替えいたしますので発売元までご送付ください。（送料小社負担）

ISBN978-4-502-41151-9　C3034